ÁNGEL SANCHIDRIÁN

Sinopsis de Cine

El libro

POEBOOKS

Primera edición: junio de 2014
Segunda edición: junio de 2014
Tercera edición: octubre de 2014
Cuarta edición: diciembre de 2014
Quinta edición: febrero de 2015
Sexta edición: mayo de 2015
Séptima edición: noviembre de 2015

Timoteo Padrós, 14
28200 San Lorenzo de El Escorial (Madrid)
contacto@poebooks.club
www.poebooks.club

Ilustraciones: Jaime Cazorla
(Facebook: J. Cazorla Drawings)
Diseño, maquetación y edición:
www.magentapress.es

Impreso por Cofás Artes Gráficas, S.L.
c/ Juan de la Cierva, 58
Polígono Industrial Prado de Regordoño
28936 Móstoles (Madrid)
cofassa@gmail.com

ISBN: 978-84-941315-6-1
Depósito legal: GU-059-2014

POEBOOKS

A mi madre, porque es lo más importante que tengo en este mundo, la única persona que es imposible que me falle, pase lo que pase. Y a mis hermanos con ella.

A mi padre, del que he sacado el humor y que debe estar ahí arriba, en alguna parte, echándose unas risas y llamándome cabronazo.

A mis amigos Guille y Pedro, porque estaban ahí cuando surgió esta idea, inspirando con su guasa española, y a José porque andaba por ahí pidiendo las copas en la barra, que siempre le toca al pobre. Y a todos esos amigos que desde sus muros de Facebook han seguido todas mis publicaciones con tanto cariño.

A mis compañeros de trabajo por su santa paciencia y su interés verdadero.

A Miguel por confiar en mí, lanzarse a la aventura y ver un talento que yo todavía no creo tener.

A todas las páginas de Facebook, webs, blogs y foros que han compartido las sinopsis y me han entrevistado, ayudándome tanto a darme a conocer.

Y sobre todo a los "fanses" de la página "Sinopsis de Cine" porque son probablemente los mejores de todo Facebook. No han dejado ni un momento de participar, de animarme, de hacerme reír y de darme el ánimo necesario para escribir todo esto. Sois unos chiquines y unas chiquinas cojonudos.

Y a mí mismo, porque por fin he hecho algo que de verdad quería hacer. Me lo debía.

ÍNDICE

014
PRÓLOGO
SIEMPRE UNA BUENA SONRISA... MUCHAS VECES, ¡¡MUCHAS RISAS!!

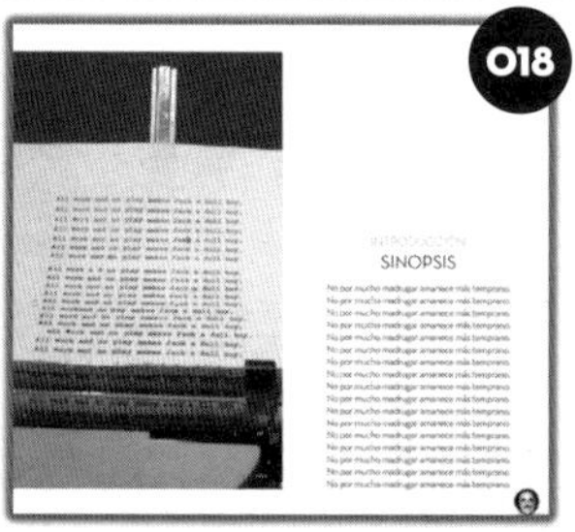

018
INTRODUCCIÓN
SINOPSIS

ACCIÓN
022
VARIADO SURTIDO DE HOSTIAS Y DISPAROS ENTRE BUENOS MUY BUENOS Y MALOS MUY MALOS, Y UNA ESCENA DE SEXO ENTRE LOS PROTAGONISTAS A LA MITAD DE LA PELÍCULA. SI HAY MÁS DE UNA ESCENA SEXUAL NO ES GÉNERO DE ACCIÓN. ES CINE ESPAÑOL.

AVENTURAS
044

BÉLICAS
058
LUCHAS, BATALLAS Y GRANDES HISTORIAS DE GUERRAS Y BRAVOS SOLDADOS. SI LA PELÍCULA VA DE LAS AVENTURAS SEXUALES DE UNOS CAMPESINOS REPUBLICANOS DURANTE LA GUERRA CIVIL ESPAÑOLA, NO ES GÉNERO BÉLICO, ES CINE ESPAÑOL.

CIENCIA-FICCIÓN
064
LA WIKIPEDIA DICE QUE LAS PELÍCULAS DE CIENCIA-FICCIÓN "PRESENTAN LA PROGRESIÓN DE LO DESCONOCIDO A LO CONOCIDO POR EL DESCUBRIMIENTO DE UNA SERIE DE ENIGMAS", PERO EN REALIDAD VAN DE NAVES ESPACIALES, RAYOS LÁSER Y ALIENÍGENAS ORTOPÉDICOS. SI LA PELÍCULA PRESENTA LA PROGRESIÓN DE LO DESCONOCIDO A LO CONOCIDO POR EL DESCUBRIMIENTO DE UNA SERIE DE ENIGMAS, ENTONCES NO ES GÉNERO DE CIENCIA-FICCIÓN, ES CINE ESPAÑOL.

COMEDIA
086
SE SUPONE QUE TE TIENES QUE REÍR AUNQUE NO TE HAGAN GRACIA. SI LA PELÍCULA NO DEBERÍA HACER GRACIA PERO LO CONSIGUEN SIN QUERER, NO ES GÉNERO COMEDIA, ES CINE ESPAÑOL.

DRAMA
098
PENAS Y PROBLEMAS DE MUCHA GENTE O DE POCA GENTE, SEGÚN SEA DRAMA, DRAMÓN O SOPONCIO. SI SON PROBLEMAS O PENAS DE GENTE QUE YA DE POR SÍ ES PENOSA O PROBLEMÁTICA NO ES GÉNERO DRAMA. ES CINE ESPAÑOL.

ERÓTICAS
122
LAS MUJERES VAN DESNUDAS Y LOS HOMBRES VAN VESTIDOS, Y TODOS CORREN UNOS DETRÁS DE OTROS RIÉNDOSE Y DANDO GRITITOS. SI SALEN TODOS DESNUDOS NO ES GÉNERO ERÓTICO, ES CINE ESPAÑOL.

FANTÁSTICAS
128
BARULLO DE MAGOS, UNICORNIOS, GUERREROS, ELFOS, ORCOS, GENTE FEA, CANADIENSES... TODO INVENTADO. SI LOS MONSTRUOS SON BAJITOS, GORDOS, CALVOS, FEOS Y LLEVAN UN PALILLO ENTRE LOS DIENTES NO ES GÉNERO FANTÁSTICO, ES CINE ESPAÑOL.

HISTÓRICAS
164
HISTORIA DEL PASADO DONDE LA GENTE HABLA Y ACTÚA IGUAL QUE AHORA PERO HACE DOS MIL AÑOS, AUNQUE LOS VESTIDOS SON DISTINTOS. SI LA PELÍCULA VA DE PRACTICAR SEXO CON UN DISFRAZ RENACENTISTA NO ES GÉNERO HISTÓRICO, ES CINE ESPAÑOL.

INFANTILES
170
PELÍCULA DIRIGIDA A
NORMALMENTE PROT.
POR OTROS NIÑOS O PO
LES QUE HABLAN, Y QUE CONTIENE CHASCARRILLOS Y DETALLES QUE LOS NIÑOS NO DEBERÍAN ENTENDER PORQUE SON PARA LOS PADRES QUE ESTÁ EN EL CINE AGUANTANDO LA PELÍCULA Y A LOS CRÍOS. SI LOS NIÑOS PROTAGONISTAS SON DELINCUENTES O LOS ANIMALES QUE HABLAN SON MACHOS CABRÍOS PUESTOS DE PIE, NO ES GÉNERO INFANTIL, ES CINE ESPAÑOL.

MUSICALES
178
EXCUSA ARGUMENTAL PARA TIRARSE TODA UNA PELÍCULA CANTANDO Y BAILANDO. SI LA GENTE QUE CANTA LO HACE BORRACHA SALIENDO DE UN BAR, O ES UN BAUTIZO GITANO, NO ES GÉNERO MUSICAL, ES CINE ESPAÑOL.

ROMÁNTICAS
186
AQUÍ PRIMAN LOS SENTIMIENTOS, LAS EMOCIONES, EL ROMANTICISMO, LOS LÍOS AMOROSOS, LA GENTE QUE SE ENAMORA POR CASUALIDAD, LA GENTE QUE NADIE LA QUIERE Y DE PRONTO ENCUENTRA A SU MEDIA NARANJA, Y ASÍ SUCESIVAMENTE. SI EL TRÍO AMOROSO INCLUYE INCESTO, EXTORSIÓN, ASESINATO Y TETAS, NO ES GÉNERO ROMÁNTICO, ES CINE ESPAÑOL.

SUSPENSE
204
LO QUE SE CONOCE COMO THRILLER, QUE ES UN NEGRO TOCÁNDOSE EL BADAJO Y BAILANDO CON UNOS ZOMBIS. TAMBIÉN PUEDE SER PASAR MUCHOS NERVIOS HASTA VER QUÉ PASA AL FINAL DE LA PELÍCULA. SI LO GORDO PASA AL PRINCIPIO Y NO AL FINAL, NO ES GÉNERO DE SUSPENSE, ES CINE ESPAÑOL.

TERROR
210
LA COSA ES QUE TE LLEVES SUSTOS Y QUE TE CUNDA EL PÁNICO CON BICHOS Y MONSTRUOS Y ASESINOS. SI EL ASESINO ESTÁ MÁS TIEMPO APRETANDO TETAS QUE EL GATILLO, Y ADEMÁS NO TE EXPLICA POR QUÉ TE MATA, ENTONCES NO ES GÉNERO DE TERROR, ES CINE ESPAÑOL.

LAS 101 PELÍCULAS

POR ORDEN ALFABÉTICO

PRÓLOGO

SIEMPRE UNA BUENA SONRISA... MUCHAS VECES, ¡¡MUCHAS RISAS!!

A veces imagino esta vida sin poder reírme y me deprimo absolutamente. No puede ser. Es una expresión-reacción necesaria. Es una forma de comunicarse con lo que te rodea, con los que te rodean... Unos cuantos músculos faciales que te cambian la vida. ¡¡Es tan importante la risa!!

El humor, mucho más que un sentido, yo diría que es una actitud. Tener sentido del humor te hace adoptar una actitud ante la vida. Está claro que una cosa lleva a la otra. No hay actitud sin sentido del humor. No sé si puede haber sentido del humor sin actitud. Creo que sí porque algunas personas que conozco se ríen de muchas cosas pero su vida es muy triste y las decisiones que toman en su casa, en su trabajo... también lo son.

La risa siempre ha estado presente en mi vida y en la de mi familia. En la de todas las personas que me rodean. Difícil es que mantenga un trato agradable con alguien que nunca se haya reído o sonreído alguna vez. Incluso conozco gente que no exterioriza una sonrisa pero tienen sentido del humor. No me preguntéis por qué, pero eso se nota. ¡¡Qué cosas!!

La risa siempre ha sido un gran disfrute en grandes momentos y me ha servido de terapia en otros muy desoladores. Cuesta tan poco tener una buena sonrisa en la cara y te da tanto a cambio.

Alguna vez que voy paseando por la calle, la gente al verme se da cuenta que soy "Flo, el de la risa", será por el volumen que ocupo y automáticamente sonríen, pero cuando me miran a la cara y me ven tan serio (normal, no voy a ir descojonándome por la calle yo solo) se les cambia el gesto e incluso comentan: "No, no eres tú. Él se ríe".

Nunca perdáis la oportunidad de compartir una buena sonrisa mirando a los ojos. Qué buen rollo, qué comunicación más sana, que terapia más buena...

Con estas "Sinopsis de cine" vais a llevar una sonrisa colgada en la cara de principio a fin y en muchas ocasiones unas buenas carcajadas. Si los que están en ese momento con vosotros se sorprenden al oíros reír podéis recomendar el libro porque merece la pena tener siempre una buena sonrisa en la cara... y muchas veces, ¡¡muchas risas!!

FLORENTINO FERNÁNDEZ
"La vida, aunque no lo parece, molaaa. ¡¡Claro!!"

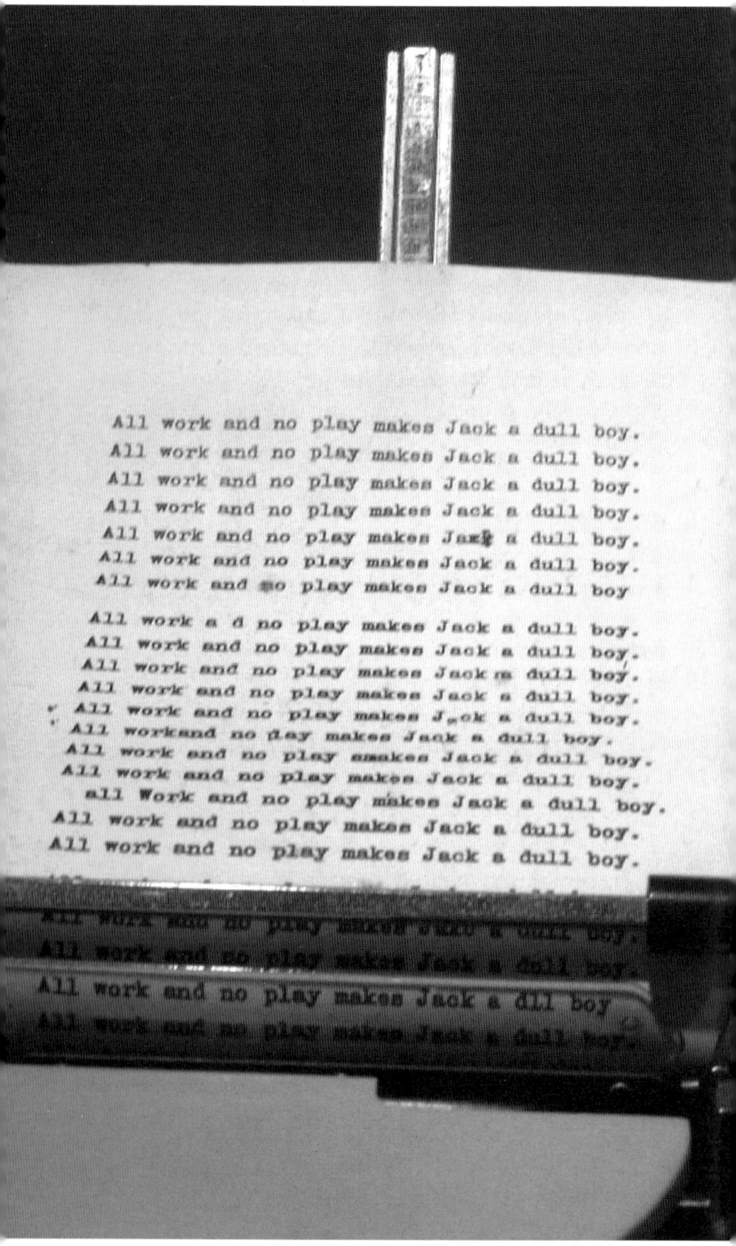
All work and no play makes Jack a dull boy.
All work and no play makes Jack a dull boy.
All work and no play makes Jack a dull boy.
All work and no play makes Jack a dull boy.
All work and no play makes Ja a dull boy.
All work and no play makes Jack a dull boy.
All work and mo play makes Jack a dull boy
All work a d no play makes Jack a dull boy.
All work and no play makes Jack a dull boy.
All work and no play makes Jack m dull boy.
All work and no play makes Jack a dull boy.
All work and no play makes J„ck a dull boy.
All workand no lay makes Jack a dull boy.
All work and no play amakes Jack a dull boy.
All work and no play makes Jack a dull boy.
all Work and no play makes Jack a dull boy.
All work and no play makes Jack a dull boy.
All work and no play makes Jack a dull boy.
All work and no play makes Jack a dull boy.
All work and no play makes Jack a dll boy

INTRODUCCIÓN

SINOPSIS

No por mucho madrugar amanece más temprano.
No por mucho madrugar amanece más temprano.
No por mucho madrugar amanece más temprano.
No por mucho madrugar amanece más temprano.
No por mucho madrugar amanece más temprano.
No por mucho madrugar amanece más temprano.
No por mucho madrugar amanece más temprano.
No por mucho madrugar amanece más temprano.
No por mucho madrugar amanece más temprano.
No por mucho madrugar amanece más temprano.
No por mucho madrugar amanece más temprano.
No por mucho madrugar amanece más temprano.
No por mucho madrugar amanece más temprano.
No por mucho madrugar amanece más temprano.
No por mucho madrugar amanece más temprano.
No por mucho madrugar amanece más temprano.
No por mucho madrugar amanece más temprano.

No por mucho madrugar amanece más temprano.
No por mucho madrugar amanece más temprano.
No por mucho madrugar amanece más temprano.
No por mucho madrugar amanece más temprano.
No por mucho madrugar amanece más temprano.
No por mucho madrugar amanece más temprano.
No por mucho madrugar amanece más temprano.
No por mucho madrugar amanece más temprano.
No por mucho madrugar amanece más temprano.
No por mucho madrugar amanece más temprano.
No por mucho madrugar amanece más temprano.
No por mucho madrugar amanece más temprano.
No por mucho madrugar amanece más temprano.
No por mucho madrugar amanece más temprano.
No por mucho madrugar amanece más temprano.
No por mucho madrugar amanece más temprano.
No por mucho madrugar amanece más temprano.
No por mucho madrugar amanece más temprano.
No por mucho madrugar amanece más temprano.
No por mucho madrugar amanece más temprano.
No por mucho madrugar amanece más temprano.
No por mucho madrugar amanece más temprano.
No por mucho madrugar amanece más temprano.
No por mucho madrugar amanece más temprano.
No por mucho madrugar amanece más temprano.
No por mucho madrugar amanece más temprano.
No por mucho madrugar amanece más temprano.
No por mucho madrugar amanece más temprano.
No por mucho madrugar amanece más temprano.
No por mucho madrugar amanece más temprano.
No por mucho madrugar amanece más temprano.
No por mucho madrugar amanece más temprano.
No por mucho madrugar amanece más temprano.
No por mucho madrugar amanece más temprano.
No por mucho madrugar amanece más temprano.
No por mucho madrugar amanece más temprano.

No por mucho madrugar amanece más temprano.
No por mucho madrugar amanece más temprano.
No por mucho madrugar amanece más temprano.
No por mucho madrugar amanece más temprano.
No por mucho madrugar amanece más temprano.
No por mucho madrugar amanece más temprano.
No por mucho madrugar amanece más temprano.
No por mucho madrugar amanece más temprano.
No por mucho madrugar amanece más temprano.
No por mucho madrugar amanece más temprano.
No por mucho madrugar amanece más temprano.
No por mucho madrugar amanece más temprano.
No por mucho madrugar amanece más temprano.
No por mucho madrugar amanece más temprano.
No por mucho madrugar amanece más temprano.
No por mucho madrugar amanece más temprano.
No por mucho madrugar amanece más temprano.
No por mucho madrugar amanece más temprano.
No por mucho madrugar amanece más temprano.
No por mucho madrugar amanece más temprano.
No por mucho madrugar amanece más temprano.
No por mucho madrugar amanece más temprano.
No por mucho madrugar amanece más temprano.
No por mucho madrugar amanece más temprano.
No por mucho madrugar amanece más temprano.

ÁNGEL SANCHIDRIÁN
Galapagar (Madrid), mayo de 2014

ACCIÓN

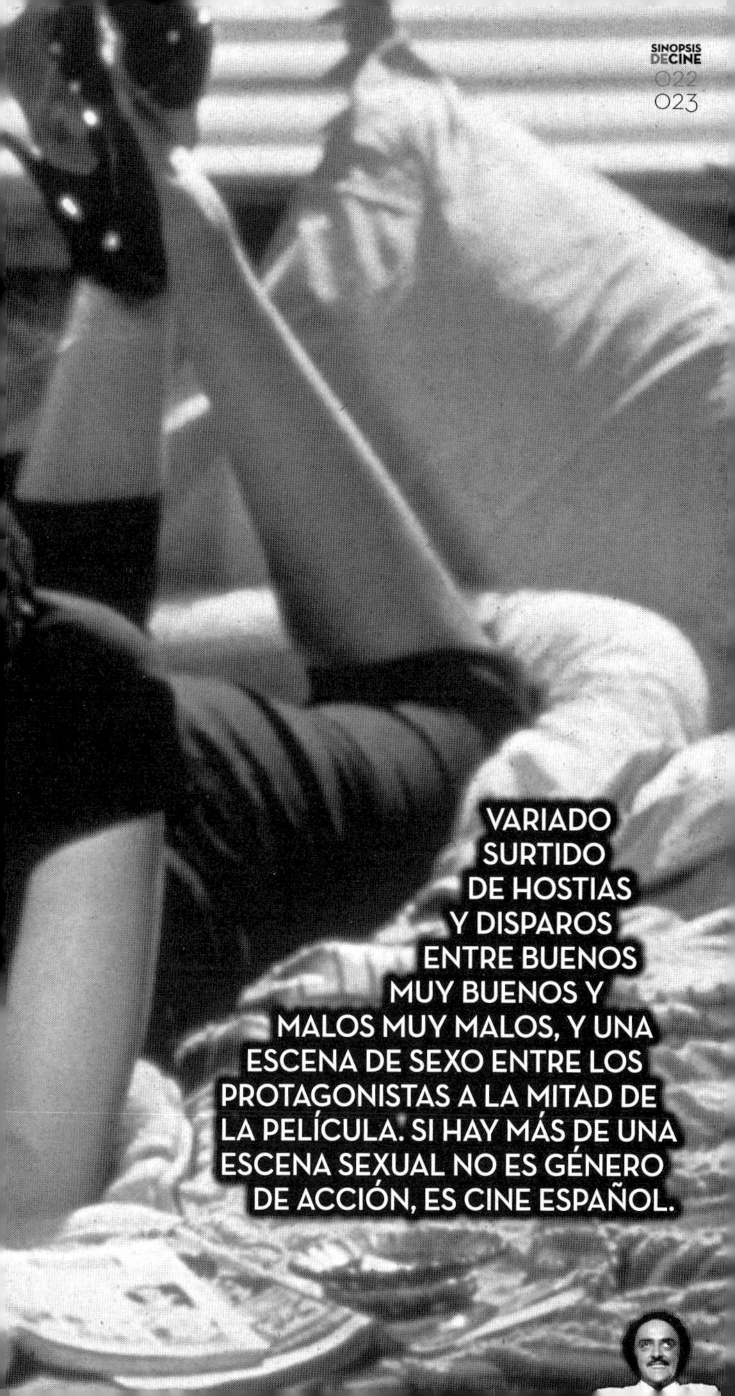

VARIADO SURTIDO DE HOSTIAS Y DISPAROS ENTRE BUENOS MUY BUENOS Y MALOS MUY MALOS, Y UNA ESCENA DE SEXO ENTRE LOS PROTAGONISTAS A LA MITAD DE LA PELÍCULA. SI HAY MÁS DE UNA ESCENA SEXUAL NO ES GÉNERO DE ACCIÓN, ES CINE ESPAÑOL.

GÉNERO: POLICÍAS CHASCARRILLEROS
REPARTO: BRAVEHEART Y UN NEGRO FELIZ
DURACIÓN: EN LA ÚLTIMA, GIBSON YA NO TIENE PELO

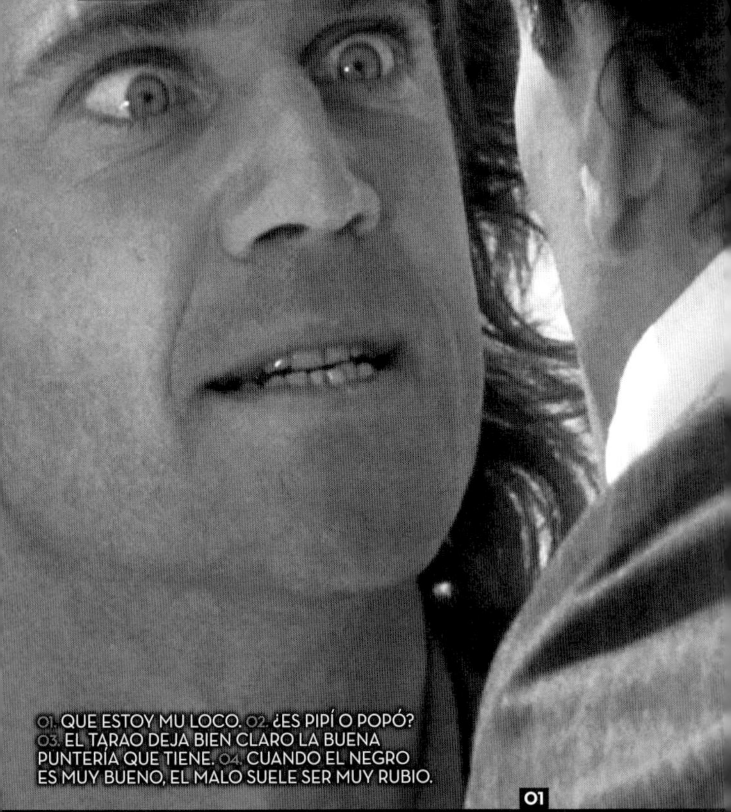

O1. QUE ESTOY MU LOCO. O2. ¿ES PIPÍ O POPÓ? O3. EL TARAO DEJA BIEN CLARO LA BUENA PUNTERÍA QUE TIENE. O4. CUANDO EL NEGRO ES MUY BUENO, EL MALO SUELE SER MUY RUBIO.

O1

O2

O3

O4

PAJA MENTAL

BUENO, PUES HOY HE VISTO **ARMA LETAL** Y OS VOY A CONTAR UN POCO...

La película va de dos policías que los ponen de compañeros al parecer para que se maten entre ellos, porque se llevan como un perro y un cojín. Uno es un negro educado, con mujer, hijos, chalé, como Dios manda, y el otro es un blanco tarao que vive en una barcaza y se bebe hasta el vaho de las ventanas.

Entonces hay una chiquina en un hotel endrogándose y chupándose los dedos y por el balcón que se tira. Eso hay que investigarlo porque en Estados Unidos es raro que muera alguien que no haya estado en Vietnam.

Los dos polis están siempre discutiendo e insultándose de risas, que eres un cagabandurrias, tú más, quien lo dice lo es con el culo al revés, y los malos atando una puta a un árbol porque ya no saben cómo llamar su atención. Pero luego el blanco salva la vida al negro y ya se hacen amigos y cenan juntos. La mujer del negro se pasa toda la película en la cocina pero por lo visto su comida es un asco.

Luego raptan a la hija del negro dos veces porque es una miajita tonta y torturan a los dos polis para que hablen pero nada, no hay hostia ni calambre que les afloje la lengua. Que vayan a mi vecina que no hace falta ni pedírselo para que lo cuente todo. Y al final el rubio y el blanco dirimen el caso con una pelea en el barro, que se cogen y se ponen las piernas alrededor del cuello que casi acaban haciendo el amor.

El guión es muy bueno porque nos enseña que el suicidio es una cosa simpática y divertida que te hace más atractivo que fumar, por eso el protagonista se intenta suicidar, evita que se suicide uno e investiga el caso de una que se ha suicidado.

Te la recomiendo si te gusta pelear en el barro o beberte hasta el vaho de las ventanas.

GÉNERO: ALIENS Y BOLIVIANOS
REPARTO: LAS TETAS DE SCHWARZENEGGER
DURACIÓN: QUÉ PEREZA...

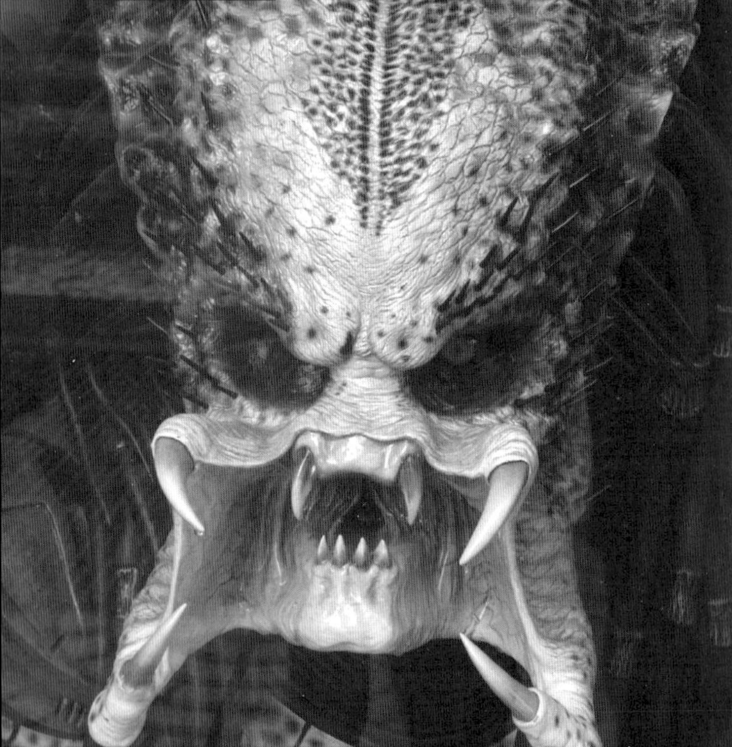

01. UN CENTOLLO. 02. SI ME METO EN LOS CHARCOS NO ME VE. 03. AQUÍ HUELE A MUERTO. 04. QUÉ ASCAZO DE JUNGLA, TAN LLENA DE TODO.

01

02

03

04

DESPACHURRADOR

BUENO, PUES HOY HE VISTO **DEPREDADOR** Y OS VOY A CONTAR UN POCO...

La película va de unos soldados que se van a la jungla, que es como un jardín pero que está manga por hombro, porque andan peleados con unos bolivianos que cuando los matas salen volando, y matarlos cuesta poquito, las cosas como son. Da igual dónde lances la granada que un par va a salir por los aires. Y si no tienes munición da un portazo en una choza de bambú, que ellos ya salen volando por la ventana. Como enemigos son muy agradecidos.

En el comando este no falta un géiperman: uno que mastica tabaco como un perro un petazetas, un indio que es Dora la exploradora con metralleta, dos negros como dos casetas de tómbola y el jefe que tiene la cara de un perro que no encuentra la pelota. Y van todos camuflados con unos churretes de betún por la cara que parece que se han estado comiendo un burmerflash de nocilla.

Pero luego resulta que el malo de verdad es uno que cuando se quita el casco y le ves las rastas y la bocafresa tú piensas "que me mate pero que no me lance besos". En su planeta debía ser pollero porque deja los cadáveres limpitos, colgados y listos para asar, que es lo que le da la calidad a la película.

Los del comando se van enfrentando a él uno por uno, para asegurarse la derrota, y sólo disparan a las plantas. Además el jefe le pone trampas para tontos. Está el alienígena que no se cree el chollo de planeta al que le han mandado. Lo único malo es que si te metes en los charcos no te ve.

La banda sonora es muy buena porque se oye muy fuerte, y el decorado es una selva que acaba como una maceta de pimientos.

Te la recomiendo si te gusta comerte un burmerflash de nocilla o saltar por los aires cuando alguien da un portazo.

GÉNERO: BURRAS, BUGAS Y PIBAS
REPARTO: TODOS MIRAN REVIRAO
DURACIÓN: YA VAN 7 (Y NO ES COÑA)

01. EN ESTA SAGA LAS CHICAS VAN MÁS CÓMODAS SOBRE EL CAPÓ QUE EN LOS ASIENTOS. 02. ¿LA SALIDA DEL PUEBLO, POR FAVOR? 03. BUGAS PARA QUEDARSE TO LOKO. 04. CARTEL DE LA PRECUELA DE "A TODO GAS".

01

02

03

04

TRUFAS TU FURIUS

BUENO, PUES HOY HE VISTO **THE FAST AND THE FURIOUS** Y OS VOY A CONTAR UN POCO...

La película va de unos chiquines que se dedican al robo de menaje del hogar pero sin bajarse del coche, es como un autoatraco. Bueno, no se sabe si son coches o Transformers porque hacen un tuning que está to guapo que me quedo to loko. Llevan más turbos que el coche fantástico.

Los tunos quedan en los callejones a fardar de bugas y las chicas a botar las mamellas y a sentarse en los capós medio desnudas, que luego se van a levantar y les ha hecho ventosa el jamón en la carrocería, que es lo que le da la calidad a la película. Y todos se llaman hermano, deben ser familia numerosa. Además hablan diciendo "Si Er RuBiO Te VaSiLa Tú Te CaLla Y lo aSiMiLa" y después se pegan porque hay que echar la tarde.

Además son enemigos de unos chinos en moto que no reparten comida y hacen carreras en línea recta, que para las curvas hay que tener el carné. Se enfrentan unos a otros en la guerra de las carreras, que es una cosa que hacen los que no van a la semana blanca. Pero con unos Seat Panda y unos Subaru Carraca que flipas, tronco.

El rubio y el calvo se hacen amigos contándose sus condenas. Se ve que el calvo tiene sentimientos porque no quiere estrellarse. Y hay uno que sabe mucho de coches que solo con mirar ya te dice "esto va a ser la junta de la trócola", que en el colegio le ponían P.A.+ en plástica, lo cuenta él.

La banda sonora es muy buena porque es de rap con unos diciendo aguachiná aforinai, y el casting está muy bien porque como la peli es de coches han cogido a un actor que se apellida Diesel.

Te la recomiendo si te gusta quedarte to loko o el rap aguachiná aforinai.

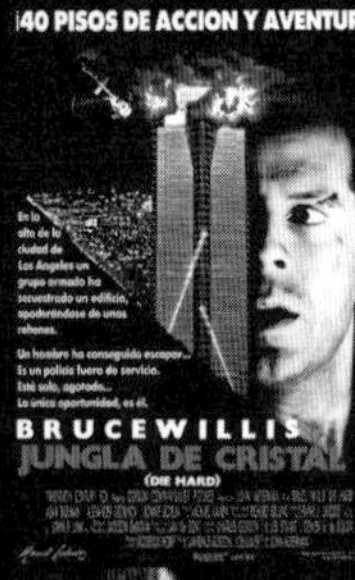

GÉNERO: EDIFICIOS SIN INCENDIOS
REPARTO: ALGUNAS MENOS QUE EN "CONAN"
DURACIÓN: MÁS PISOS QUE MINUTOS

01. VIVIR EN RASCACIELOS REVUELTOS.
02. DOS MALOS PLANEANDO ALGUNA PICIA. 03. COME COMO UN PAJARITO.
04. LE HA DADO UN APECHUSGUE.

01

02
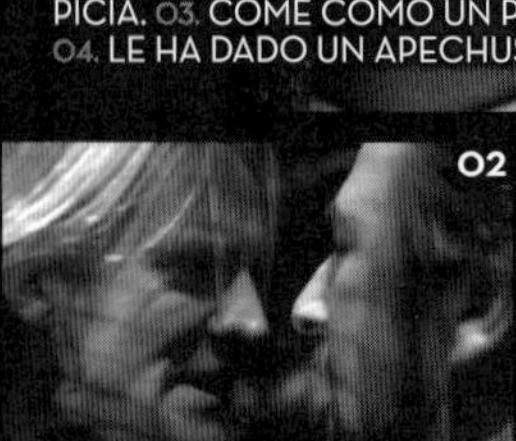

03

04

SALGAN ORDENADAMENTE

BUENO, PUES HOY HE VISTO **LA JUNGLA DE CRISTAL** Y OS VOY A CONTAR UN POCO...

La película va de uno con cara de que no le ha sonado el despertador que se cuela en una fiesta de alto copete en un rascacielos, de esas que la gente no echa los huesos de aceituna en el cenicero. Que el hombre a lo que va es a gulusmear a su exmujer, que lleva el pelo que parece que ha estado chupando el pararrayos.

Entonces llegan unos pegando tiros al aire que aquello es una boda berebere, y el John que dice que si quieres fiesta tira de ésta. Y ahí que se prepara para la lucha, descalzo y con camiseta interior, a pecho turco, que le falta una cerveza en una mano y el mando a distancia en la otra.

Los malos tienen todos pelazo yegua y van impolutos como una medallita de la Virgen niña, toda la mierda se le pega al protagonista, que además va pisando cristales y poniendo bombas que es casi mejor que ganen los malos, que rompen menos.

Y luego coge un walkie talkie y llama al jefe de los terroristas: "te voy a matar", "no, yo a ti", "no, yo más", "yupi ka yei", "qué hablas, borracho". Y también se monta tertulias con un policía que está gruesito de los nervios, y que es lo que le da la calidad a la película. Pero todo con muy malos modos de querer darse de baja de Movistar, por eso no le mandan refuerzos, por energúmeno.

El vestuario está muy bien porque el protagonista cada vez lleva más mierda y menos ropa, que tiene la camiseta como la bayeta de un burguer, y el guión es muy bueno porque hay un negro en una limusina fumándose sus verduras sin molestar a nadie.

Te la recomiendo si te gusta chupar un pararrayos o las bodas bereberes.

GÉNERO: KATANAS TARANTINAS
REPARTO: UNA NOVIA Y MUCHOS ZOMBIS
DURACIÓN: 12 HORAS HASTA QUE MUEVE EL DEDO

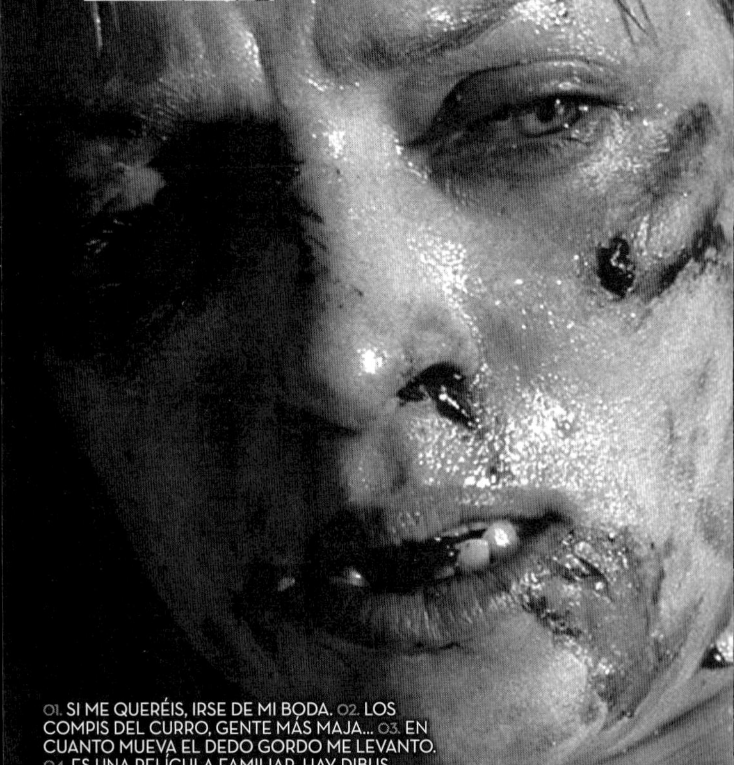

01. SI ME QUERÉIS, IRSE DE MI BODA. 02. LOS COMPIS DEL CURRO, GENTE MÁS MAJA... 03. EN CUANTO MUEVA EL DEDO GORDO ME LEVANTO. 04. ES UNA PELÍCULA FAMILIAR, HAY DIBUS.

01

02

03

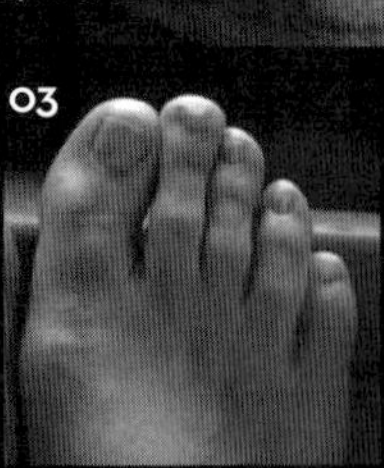

04

KILL PAFF

BUENO, PUES HOY HE VISTO **KILL BILL (VOL. I)** Y OS VOY A CONTAR UN POCO...

La película va de una que se casa y los compañeros de trabajo le convierten el convite en una boda gitana, y ella entonces a la que se recupera de la paliza que le dan pues dice "arrieritos somos..."

Entonces la muchacha, cuando por fin consigue mover el dedo gordo del pie, va visitando a las compis para gastarles unas bromas. A la negra le redecora la casa, a la china... Bueno, a la china no le hace nada porque ya se acaba la peli, que hablan mucho y lo explican todo y la cosa avanza despacito.

La chiquina hace sus venganzas vestida con un mono amarillo de neopreno de esos que cuando andas suena como pellizcar un globo y que luego hay que echarse margarina para quitárselo, que es el precio a pagar por salir a matar guapa. Lleva el mono a juego con su pelo y con sus enemigos.

En la peli también hay un japonés enfadado que hace cuchillos, uno que es como el malo del inspector gadget, que sólo se le ve la mano con un anillo gordo, y una china bizca que tiene el revés a dos manos, qué hostias regala, que son los que le dan la calidad a la película.

La banda sonora es una silbando y unas chinas haciendo uh uh uhuhuh. Además las peleas están muy bien porque los malos atacan todos a la vez pero van esperando su turno para recibir su hostia.

Te la recomiendo si te gustan las bodas gitanas o los japoneses enfadados

GÉNERO: CUNFÚ CON MENSAJE
REPARTO: EL BRUSLÍ PRINCIPALMENTE
DURACIÓN: HOSTIAS MUY RÁPIDAS

01. "UN OJO MORADO ES UN OJO QUE TE HE PARTIDO" (BRUCE LEE). 02. "NO POR TENER MÁS TETAS DAS MEJORES VOLTERETAS" (BRUCE LEE). 03. "NO SUBESTIMES A UN MONO, ES MUY MONO" (BRUCE LEE).

01

02

03

CAERTE DE BRUCES LEE

BUENO, PUES HOY HE VISTO **OPERACIÓN DRAGÓN** Y OS VOY A CONTAR UN POCO...

La película va de un chino con esquijama que mira revirao de pura sabiduría oriental, no se le escapa un "ay" en un concierto flamenco. Entonces se va a una isla a pegar a otros chinos pero a cascoporro, sin diferenciar chino bueno de chino asilvestrao. Atiza a los que escapan, pega en la cabeza a los que están estudiando...

El Bruslí se quita la camiseta y tú ya sabes que va a haber sobremesa. Y ahí van pasando los chinos, que ya no saben si aquello va por número o por vez, y venga de hostias por todos lados. No hay chino que no se lleve su patada en la tráquea. Que además ahí sabe cunfú hasta el de la propaganda.

También hay unos malos que uno tiene un gato y el otro es un negro con el pelo que parece un chupachús de estropajo, y un chino con las tetas colganderas.

En la misión Bruslí va despacito por los pasillos, de puntillas, como cuando ha venido Papá Noel, y además hace mucha filosofía y entre hostia y hostia te hace un teorema, que es lo que le da la calidad a la película.

El sonido está muy bien porque las guantás suenan como las de Bud Spencer, y las actuaciones son muy buenas porque Bruslí cada vez que suelta un rejostio hace el ruido de los monos de Faunia.

Te la recomiendo si te gustan las tetas colganderas o pegar en la cabeza a los que están estudiando.

GÉNERO: COTORREO
REPARTO: CHIQUINES Y CHIQUINAS DROGADOS
DURACIÓN: YO ES QUE CON ESTA ME PIERDO

01. ¿TÚ QUÉ DICES, MADAFACA? 02. EL CHIRINGUITO, EL CHIRINGUITO... 03. ME HE QUEDADO TRASPUESTA. 04. RESPONSABLE DE CASTING.

01

02

03

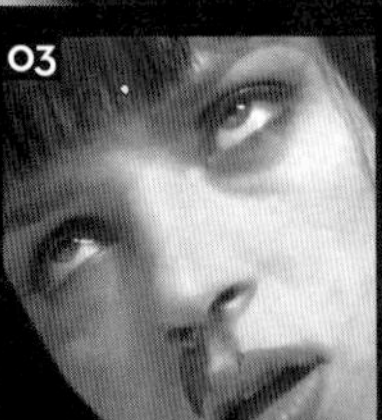

04

LOS MUDITOS

BUENO, PUES HOY HE VISTO **PULP FICTION** Y OS VOY A CONTAR UN POCO...

La película va de una tertulia de canis que de todo saben y opinan, como jubilados mirando una obra. Están todo el rato hablando pero a veces paran y hacen algo, por ejemplo cenar, pero luego están toda la cena hablando. Yo tenía una vecina así.

Los protagonistas son un negro con el pelo como alambres del pan bimbo, el chiquín de Grease que le ha cambiado el metabolismo, uno calvo con una novia que a veces respira, otro negro que es como un Ford Fiesta y una morena que baila como una jubilada en Benidorm, que se pasa las manos por la cara haciendo el parabrisas. El casting lo ha hecho el que le elige los malos a Willy Fog.

Ahí todos se endrogan y beben y dicen culo, pedo, giliputas, caca futi, maricojoneta giliputariana... Qué caterva, señor. Todo eso es por los videojuegos y el botellón. Y el negro dale que te pego con el "joder" y el "jodido"; tiene una boca que es un melindre, y que es lo que le da la calidad a la película.

El guión es muy bueno porque hasta para un atraco te montan un debate, y la banda sonora es un hiperactivo tocando la bandurria.

Te la recomiendo si te gusta bailar haciendo el parabrisas o que te cambie el metabolismo.

GÉNERO: FACINEROSOS DE VIETNAM
REPARTO: STALLONE Y SU OJO IZQUIERDO
DURACIÓN: A EXPLOSIÓN POR MINUTO

01. STALLONE, UN PRODIGIO DE EXPRESIVIDAD. 02. ANTES DE PONERSE EL CAMUFLAJE. 03. TODOS SABEMOS LO FÁCIL QUE ES DERRIBAR UN HELICÓPTERO A PEDRADAS. 04. ¿QUÉ ME DECÍAS ANTES?

01

02

03

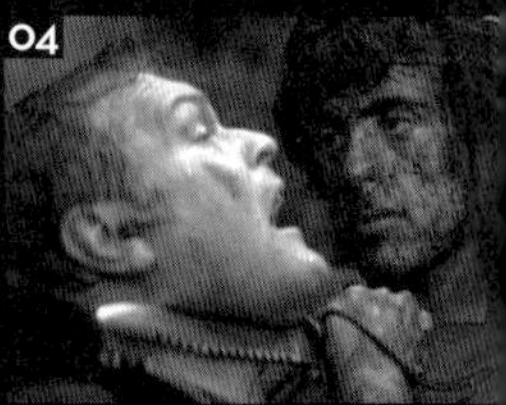
04

MAMBO (ACALORADO)

BUENO, PUES HOY HE VISTO **RAMBO (ACORRALADO)** Y OS VOY A CONTAR UN POCO...

La película va de un facineroso que llega a un pueblo y el sheriff le dice que coja su mochila y sus babas y se largue, que ahí no quieren chusma. Y antes de que acaben las letras del principio ya la tenemos liada. Tú tienes la boca colgando, el pelo de brócoli y los párpados como los toldos de un merendero y no pretendas, Rambo, no pretendas, que poco te has llevado para lo que apetece darte.

Al hombre le cogen preso y le zurran la pavana pero no por nada en concreto, porque le han cogido inquina. Rambo fuera de casa cae mal. Así que le intentan interrogar pero él mira para otro lado, como cuando regañas a un perro, y se acuerda de unos chinos que le tiraban cubos de caca en la cabeza, por eso está atormentado.

Entonces se escapa a un bosque y le persiguen los policías y el ejército que van con perros, helicópteros, metralletas y bazocas, y Rambo con un camuflaje de tomillo y una navaja suiza. Tiene él más puntería tirando cantos rodados que los otros disparando, que es lo que le da la calidad a la película.

Y luego llega el coronel que les explica los huevos que tiene Rambo con ejemplos prácticos. Está ahí la guardia nacional saltando por los aires y el coronel por detrás "la habéis cagao", "os va a matar", "que éste va como el gorrino a la bellota"...

El vestuario está muy bien porque Rambo además de boina verde es estilista, y se pone una cinta en el pelo como un bailarín de Onda Vaselina, que los policías antes de dispararle le dicen "¿a ver, date la vuelta?" Está guapo el condenado. Y el guión es muy bueno porque Rambo le cuenta muchas penas al coronel y la boca se le va torciendo cada vez más que tú ves que el labio inferior va a terminar arrastrado por el suelo y lleno de colillas pegadas.

Te la recomiendo si te gusta que te tiren cubos de caca en la cabeza o ir como el gorrino a la bellota.

GÉNERO: ZUMBA FITNESS
REPARTO: LA CALVA DE DEMI
DURACIÓN: EL DOBLE QUE "OFICIAL Y CABALLERO"

01. TENÍA UN CHICLE PEGADO. 02. MÁS HUEVOS QUE UN BABUINO AGACHADO. 03. CÓMODO Y FRESQUITO. 04. DA AGOTAMIENTO VERLA.

01

02

03

04

RESCATADORES EN CANGUROLANDIA

BUENO, PUES HOY HE VISTO **LA TENIENTE O'NEIL** Y OS VOY A CONTAR UN POCO...

La película va de una chiquina del ejército que le dan un curso de empresa de esos de multiaventura que te levantan a las 10 de la madrugada para que hagas paintball, tirolina, asfixia y menciones jocosas a los antepasados.

Los chiquines del curso son como bosnios de Erasmus y ella es la única chica, pero tiene más huevos que la granja de Chicken Run. Hasta se rapa el pelo para que no se le peguen los chicles y hace todo el entrenamiento que da agotamiento verla desde el sofá. Los otros soldados le hacen bromas garrulas, pero ella se ríe y les dice "me vais a comer el fuagrás" y se acabó el cachondeíto.

Además hay un instructor que lleva unos pantaloncitos divinos que le permiten ir fresquito sin dejar de sentirse seguro, sobre todo en "esos días", y que es lo que le da la calidad a la película. El instructor es como mi madre el día de limpieza general: "¿TÚ CREES QUE ESA ES FORMA DE HACER LA CAMA, MONTÓN DE MIERDA?" "¿TE PARECE QUE ESE SUÉTER ESTÁ BIEN DOBLADO, GUSANO?"

Y luego ya la ponen a ella de jefa que dice que no tiene el culo pa torneos y no se le menea ni un marine. Ésta le pega una patada a la puerta y baila hasta el gato.

El vestuario está muy bien porque son los pantalones de Samantha Fox, que los llevan muy subidos, por eso sudan tanto.

Te la recomiendo si te gustan los bosnios de Erasmus o que tu madre haga limpieza general.

GÉNERO: RECLUTAS CHULOS, COMO OCHOS
REPARTO: OTRA VEZ TOMCRÚS
DURACIÓN: EL VOLEYPLAYA DURA DEMASIADO

01. MOLA MÁS LLEVAR TU NOMBRE EN EL CASCO QUE PILOTAR UN F-14. 02. DEL CAZA A LA MOTO, ANDA QUE VIVEN MAL. 03. Y SÍ, SALEN AVIONES. 04. QUÉ TRISTE DEBE SER LIGARTE AL AMOR DE TU VIDA EN UN KARAOKE.

01

02

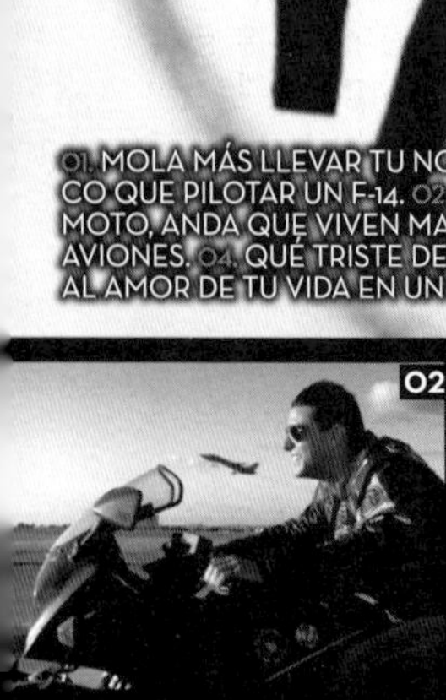

03

04

ATERRIZA COMO VEAS

BUENO, PUES HOY HE VISTO **TOP GUN** Y OS VOY A CONTAR UN POCO...

La película va de un chiquín que es piloto de aviones de los que se dan la vuelta y que allí adonde le manden andan todos sudando del bochorno que hace. El muchacho la verdad es que está encantado de conocerse y no se chupa los pezones porque no llega.

Entonces le mandan a una escuela de pilotos donde todos tienen un nombre molón en el casco, de modelo de Ford: el Cougar, el Maverick. En España pondría Trujillo o Seat Ibiza. Y la escuela se llama "Top Gun", que en España se llamaría "La milagrosa".

Los pilotos andan en los aviones de risas, haciéndose fotos, mirando por la ventanilla... No ponen los pies en el salpicadero porque no hay espacio. Y después de entrenar diez minutillos se van de fiesta, a jugar al voleyplaya o a dar paseos en moto. Aquello es más duro que 2º de la ESO.

El protagonista es muy humano porque se pasa las órdenes por el arco del triunfo, que el coronel se cierra la bata con las dos manos y dice así que no con la cabeza y a puntito está de llamar a sus padres más de una vez. Además sale de fiesta una noche y vuelve con novia, que hay gente de esa. Luego cortan y vuelven con los colegas, que es lo que le da la calidad a la película. Además se liga a la chati en un karaoke aunque canta como un gato una saeta.

El guión es muy bueno porque la mitad de la película es ver aviones volando y pilotos mirando por la ventanilla, que no llevan retrovisor los F-14.

Te la recomiendo si te gusta chuparte los pezones o salir de fiesta y volver con pareja.

AVENTURAS

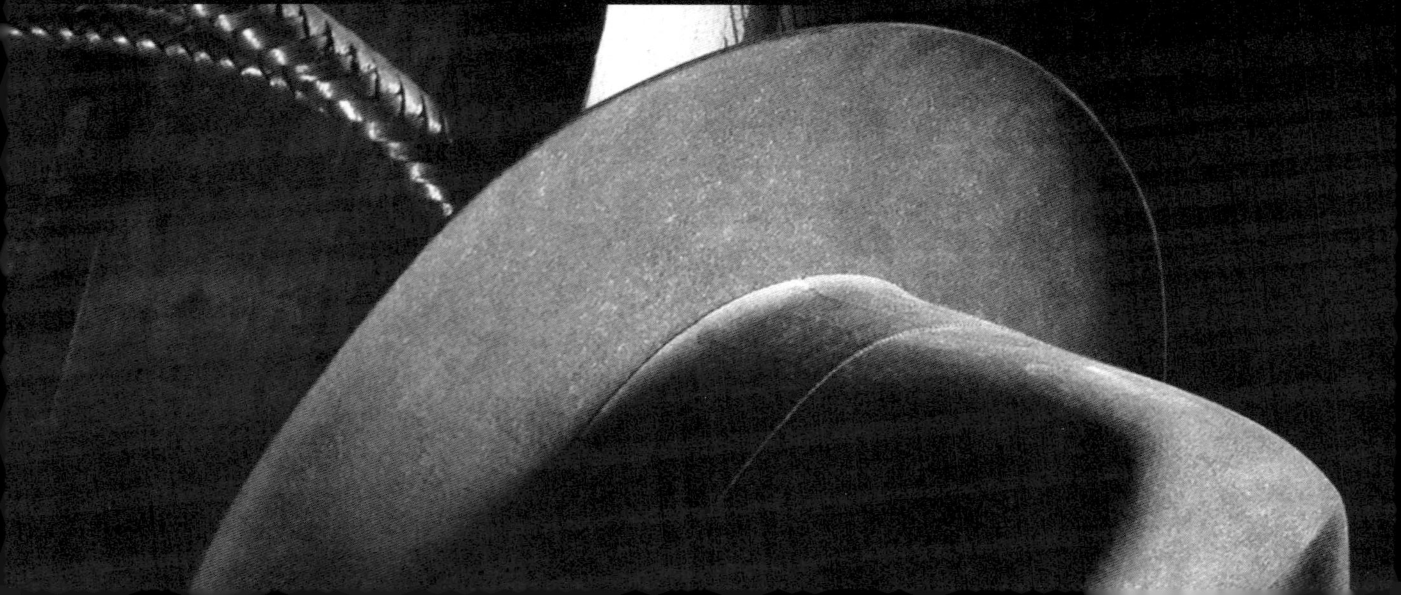

SITUACIONES PELIGROSAS Y FANTÁSTICAS QUE NO HAY QUIEN SE LAS CREA Y QUE A TI NUNCA TE PASAN. SI VES QUE ESAS COSAS INVEROSÍMILES TE HAN PASADO A TI, NO ES GÉNERO DE AVENTURAS, ES CINE ESPAÑOL.

GÉNERO: ARQUEÓLOGOS CONTRA NAZIS
REPARTO: MUCHAS, MUCHAS SERPIENTES
DURACIÓN: SE PASA EN UN SUSPIRO

01. INDI Y SUS TRAPICHEOS. 02. MIRA, ME HE QUEMAO. 03. CALLADITA ESTÁS MÁS GUAPA. 04. EL ARCA, AHÍ ANDA.

01

02
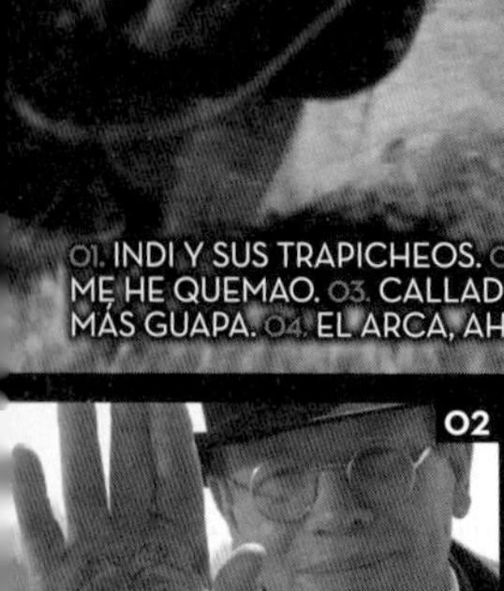

03
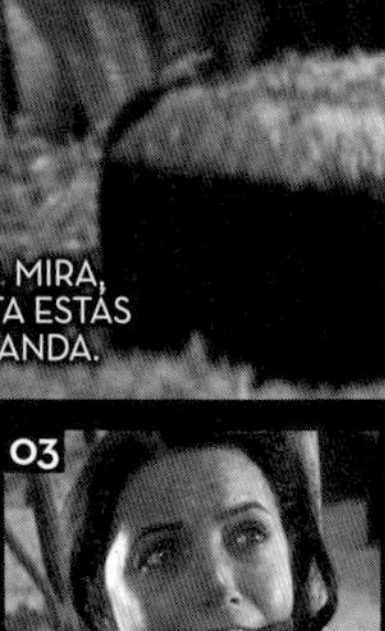

04

NINO NINOOO, NINO, NAAA...

BUENO, PUES HOY HE VISTO **EN BUSCA DEL ARCA PERDIDA** Y OS VOY A CONTAR UN POCO...

La película va de uno que es arqueólogo y va recogiendo toda la chatarra que se encuentra para que luego se la quiten. Además lleva un látigo pero no porque le excite, es que ya se ha acomodado a hacerlo todo a latigazos: cambiar de canal, quitar las cosas de las manos a los enemigos, colgarse de los techos.

Allí donde va el muchacho le acaba persiguiendo una piedra gigante o una turba de moros con metralletas. Corre que parece que le pagan por kilómetro. Y también le persiguen los nazis, que andan metidos en todos los fregaos (se ve que son nazis porque llevan gafas de esas redonditas y tienen mucho vicio de amenazar y de decirte que les des "eso", sea lo que sea).

Entonces se encuentra con una chiquina que está bebiendo chupitos en Nepal que parece un fregadero y ya se junta la gusa con la guasa, un mono cleptómano, unos que se rifan a la chica, un arca que tira rayos y te hace fondue de nazi... Ahí las peleas empiezan con un empujón y acaban como el coño de la Bernarda, y cada nazi se muere con su propia coreografía.

Al Indiana y a la borracha se le suben encima todas las cobras y escolopendras y te convierten un yacimiento en una piscina de bolas, que es lo que le da la calidad a la película.

La música está muy bien porque te dan ganas de ir al museo arqueológico a robar botijos, y el sonido es muy bueno porque el látigo suena como las hostias de Bruslí.

Te la recomiendo si te gusta llevar gafas de esas redonditas o hacerlo todo a latigazos.

GÉNERO: CUENTA CONMIGO
REPARTO: CHANQUETE Y EL PIRAÑA
DURACIÓN: SE HACE CORTA

01. EN TODA BUENA PANDILLA GRINGA NO PUEDE FALTAR EL GORDO QUE MUEVE LAS TETAS. 02. EL GOONIE MICKEY ES EL SAM DE "EL SEÑOR DE LOS ANILLOS". 03. CAMEO DE UNA ACTRIZ ESPAÑOLA. 04. WILLY BOCA-KIKOS.

01

02

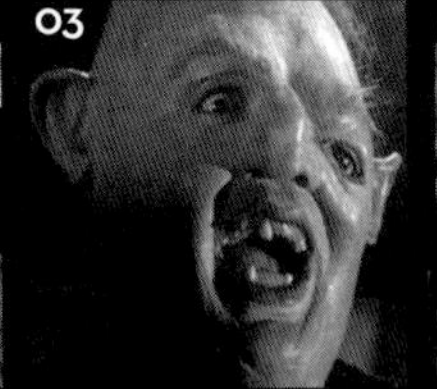

03

04

VERANO AZUL EN LOS MUELLES DE GOON

BUENO, PUES HOY HE VISTO **LOS GOONIES** Y OS VOY A CONTAR UN POCO...

La película va de una pandilla de chiquines que tiene los miembros que cualquier pandilla: el niño gordo que mueve las tetas, el chino, el que tiene asma y aparato, y el que habla italiano. Luego también está el hermano mayor, que nada más que piensa en arrimar el apio a la vinagreta, y dos chiquinas que una es muy mona y la otra es más fea que un cañonazo de estiércol, pero muy simpática (fue "Miss guapa con gafas" en un pueblo de Wichita). Las dos a lo tonto, a lo tonto, se morrean con media pandilla. Esas no pierden el viaje.

Y luego hay una familia italiana que los persigue porque los italianos nunca corren delante de nadie, siempre van detrás. Y los chiquines viven mil aventuras: destrozan la red de tuberías de la ciudad, saquean un pozo de los deseos, sueltan un barco pirata... Por eso se hacen llamar Los gumias.

Entonces el niño gordo conoce a Rossi de Palma, comen chocolate, y entre todos le roban el tesoro a un esqueleto tuerto. Y mientras el chino diciendo que está poniendo "tuampaz", el pobre, qué guerra le da el frenillo.

También hay una asistenta italiana que debe ser fans de Madonna porque la nombra mucho y que anda más perdida que un inglés en la ducha, y que es lo que le da la calidad a la película.

Los diálogos están muy bien porque el niño con aparato dice Chefter Cofefpof y al niño chino le falta el lóbulo frontal. Estos son los que nos van a pagar a nosotros las pensiones.

Te la recomiendo si te gusta llevar aparato o arrimar el apio a la vinagreta.

GÉNERO: JUEGOS DE MESA PELIGROSOS
REPARTO: UN CHIQUÍN TOLAI COMO EL ROBIN
DURACIÓN: 26 AÑOS VIVE EN LA JUNGLA

01. LOS MONOS DE JUMANJI SE VAN DE BOTELLÓN. 02. EL JUEGO DE LA ISLA DE LOS FAMOSOS. 03. EL NIÑO QUE VUELVE HECHO UN FRUITI. 04. UN CAZADOR MUY MAQUILLADO.

01

02

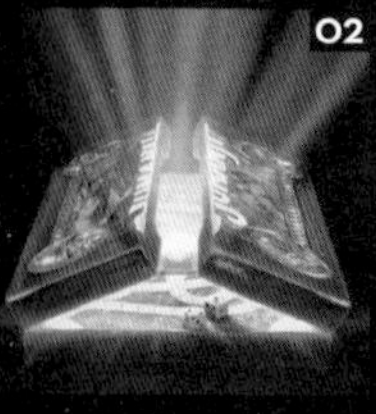

03

04

PERDIDOS EN LA TRIBU

BUENO, PUES HOY HE VISTO **JUMANJI** Y OS VOY A CONTAR UN POCO...

La película va de un chiquín que los otros chiquines le dejan los ojos como petisuis de fresa de pegarle y de tirarle piedras porque se apellida Parrish, que se parece a Parrús, y tiene una novieta que le saca media cabeza, va a ser grande la garza.

Entonces va a la fábrica de su padre porque se lleva bien con un negro de allí que de espaldas parece una albóndiga, y se encuentra el juego de mesa de la isla de los famosos. El juego ese suena como una conga en Coco Bongo y no te puedes resistir, es como ver la pasta de las croquetas y no meter el dedo.

Luego el juego lo manda a una jungla y llegan otros dos niños que lo sacan de ahí, que vuelve el otro hecho un fruiti, y que es lo que le da la calidad a la película. De los niños nuevos el chiquín es una pestaña de Bamby, cosa tierna, y la niña es mala como garrafón de Dyc.

El juego empieza a sacar más bichos y plantas que un maratón de Frank de la jungla: un león de cartón piedra, cocodrilos desganados, arañas medio lerdas, un cazador más maquillado que Johnny Depp haciendo de payaso, unos monos que aquello parece un botellón de 4º de la ESO... La ciudad termina como Salou en agosto.

La banda sonora es muy buena porque es uno dando manotazos a un bongo, y el guión está muy bien porque se ve que es mejor regalar a los niños una botella de tequila y un lanzagranadas que un juego de mesa.

Te la recomiendo si te gusta andar hecho un fruiti o una conga en Coco Bongo.

GÉNERO: TRABAJILLOS DE VERANO
REPARTO: UN HUEVO DE MATAOS
DURACIÓN: HORA Y MEDIA PARA VER UNA PATADA

01. PERO QUÉ HACES... 02. TODO UN VERANO DE CHACHA PARA QUE LE ENSEÑE LA PATADA ESA DE MIERDA. 03. EL VESTUARIO SON CINTAS EN EL PELO. 04. EL CHINO VIEJO SE PASA EL DÍA CAZANDO MOSCAS CON PALILLOS.

01

02

03

04

KÁRATE A MUERTE EN SAN SINATI

BUENO, PUES HOY HE VISTO **KÁRATE KID** Y OS VOY A CONTAR UN POCO...

La película va de un chiquín bastante pánfilo que en el barrio se cachondean de él y hay un rubio con el flequillo como una hoja de lechuga que le tiene enfilao. El rubio es de la banda de la cobra porque cuando ven al Daniel San le dicen "cobra" y le dan. La verdad es que apetece darle.

Entonces el chaval quiere aprender karate y conoce a un chino viejo que le pone a arreglarle el jardín, a limpiar, a lavar los coches... Y a cambio de estar todo el verano de chacha le regala una mierda de coche y le enseña una patada amorfa para que se rían de él. Aprendo yo más kárate viendo Kung-Fu Panda.

El chino lleva 47 años intentando cazar una mosca con dos palillos, pero claro, tiene los ojos como dos ombligos, que ni le giran hacia los lados, y no la ve. Ya chochea. Y también está su novia que está con él por pena y su madre que no le hace ni caso (si yo me hubiera pasado mi adolescencia en casa de un señor mayor mi madre se habría preocupado aunque sólo fuera un poco)

Y luego se apunta al torneo de karate y en la final le hace la patada de la grulla al rubio del flequillo y le tumba, que es lo que le da la calidad a la película. Y ya está, hora y media para eso.

Los diálogos están muy bien porque son en chino: dal sela, pulil sela. Y el vestuario son dos kimonos y una cinta en el pelo como una churrera.

Te la recomiendo si te gustan que estén contigo por pena o las patadas amorfas.

GÉNERO: LUCHAS A ESPADA CON CHASCARRILLOS
REPARTO: HANNIBAL, BANDERAS Y LA ZETA
DURACIÓN: HASTA QUE SE VENGA

01. SIN EL SOMBRERO CORDOBÉS, EL ZORRO PIERDE SU FUERZA. 02. PELAZO DE ZORRO MADURO. 03. SI LOS OTROS SON LOS ZORROS, ESTA ES... LUPITA. 04. UNO DE LOS PRIMEROS GRAFITEROS.

01

02

03

04

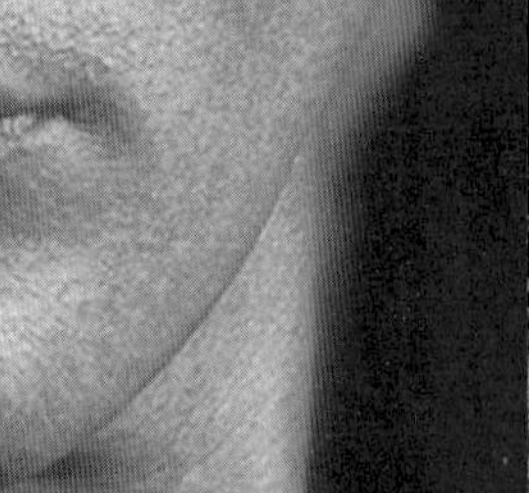

DOS ZORROS MUY ZORROS

BUENO, PUES HOY HE VISTO LA MÁSCARA DEL ZORRO Y OS VOY A CONTAR UN POCO...

La película va de un señor con látigo, espada, capa, antifaz y sombrero cordobés que puede parecer un muñequito de tarta pero es un samurái mexicano, porque salta desde la ventana hasta el caballo, cae despatarrado encima de él y ni grita ni se le saltan los ojos. Es ágil como una niña de circo chino. Y coge la espada y te hace control-Z en la cara, para que te enteres.

Vive en una cueva que la tiene más bonita que la de Batman hasta que el malo va y le mata a la mujer, le quita la hija, le quema la casa y le tira por las escaleras. Por eso yo no suelo tener visitas. Así que se toma 20 años sabáticos y después coge a un gitanín para entrenarlo y arreglarle ese pelo matojo puerco que lleva.

Entonces el zorro jovenzuelo, como necesita una montura para zorrear, roba un caballo pura guasa española que le vacila y le ayuda a patadas en las peleas. Y también se enamora de la hija del zorro viejo en una fiesta donde los dos hacen juntos el baile de los esguinces y ella dice que se ha sentido inflamada, febril y cautivada (cachonda, vamos). Lo que pasa es que no se pueden casar porque si a él le llaman Zorro a ella no le llamarán Lupita precisamente.

El malo es muy malo porque tiene una mina de oro y un lacayo rubio que guarda cabezas en vinagre. Y son dos para que la lucha final sea por parejas con la hija incordiando y provocando lesiones. Ella cuando ve que tal pega hostias como pantallas de plasma, pero cuando ve que tal, y en esa pelea no ve que tal.

La banda sonora es muy buena porque siempre que sale el Zorro suena música de Luis Cobos, para que se sepa que no es de Bolivia, y el maquillaje está muy bien porque el Zorro viejo va muy poquito maquillado, si acaso una sombrita de ojos del párpado hasta la barbilla.

Te la recomiendo si te gusta cogerte 20 años sabáticos o zorrear disfrazado.

GÉNERO: DOCUMENTAL DE LA 2
REPARTO: CAMPEONES DE NATACIÓN
DURACIÓN: LA ÉPOCA DE LAS LLUVIAS

01. LA FAMILIA TARZÁN, A PUNTO DE COGER EL TRANSPORTE PÚBLICO. 02. EL HOMBRE MONO LLAMANDO A PATXI. 03. ¡ANCAGUA! 04. YO SÉ QUE TÚ HABLAS, JANE, PERO NO TE ENTIENDO NADA.

01

02

03

04

SÍ, BUANA

BUENO, PUES HOY HE VISTO **TARZÁN DE LOS MONOS** Y OS VOY A CONTAR UN POCO...

La película va de unos ingleses que están en África timando a los indígenas, que están a sus bailes y sus fogatas, y llega la hija del jefe que cuando ve lo que se cuece dice que se queda, que nunca es tarde si la picha es buena. Venía triste de Londres pero le dura poco la pena

Así que montan una expedición y llega uno en taparrabos que va colgándose de los árboles y gritando porque se debe despellejar los tarzanillos con las ramas, que es lo que le da la calidad a la película.

El chiquín éste es Tarzán de las monas y los elefantes; a los demás bichos se lanza a por ellos a degüello con un cuchillo que a saber de dónde lo habrá sacado. Entonces rapta a la Jane y se la lleva de los pelos a su árbol. Entre los meneos que le pega él por el camino y que los monos la cogen y se la tiran unos a otros como un coco, la muchacha no acaba descoyuntada porque rebota como Cher.

El Tarzán no sabe hablar y repite palabras clavándose los dedazos en el pecho y clavándotelos a ti. Que la Jane le intenta educar pero el otro anda todo el día colgado de lo que pilla e intentando amorrarse a la frambuesa como una cochinilla. Claro que la chiquina tampoco le hace remilgos a un safari en su geranio. Así dicho finamente. Es una señora en la calle y una puta en la rama.

El sonido está muy bien porque son los bichos de la jungla haciendo ruidos y dando golpes como cuando entra una tía buena en un bar de frikis, y el protagonista es muy bueno porque cuando termina con la Jane se da puñetazos en las tetas, que ganó el Óscar en la categoría "aquí estoy yo porque he llegao".

Te la recomiendo si te gusta quedarte cuando ves lo que se cuece o rebotar como Cher.

BÉLICAS

LUCHAS, BATALLAS Y GRANDES HISTORIAS DE GUERRAS Y BRAVOS SOLDADOS. SI LA PELÍCULA VA DE LAS AVENTURAS SEXUALES DE UNOS CAMPESINOS REPUBLICANOS DURANTE LA GUERRA CIVIL ESPAÑOLA, NO ES GÉNERO BÉLICO, ES CINE ESPAÑOL.

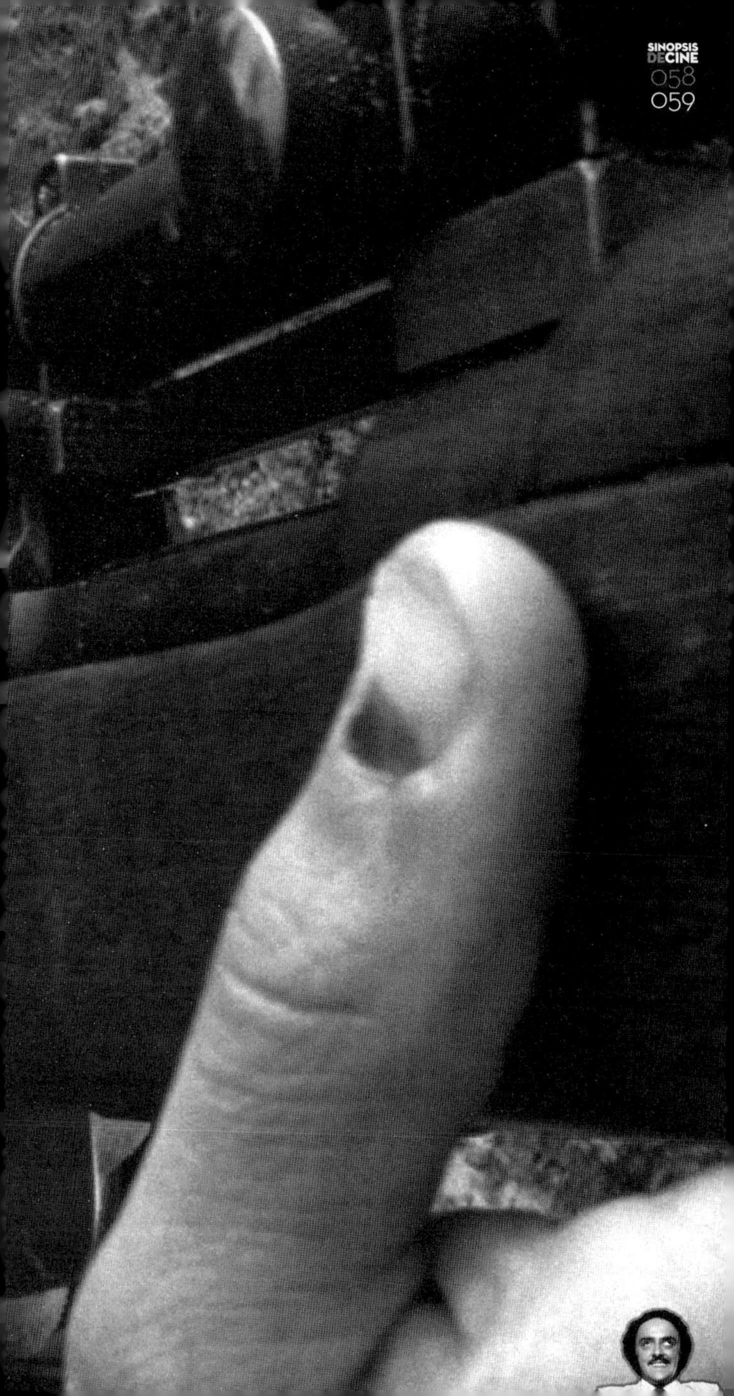

GÉNERO: CLASE DE GIMNASIA
REPARTO: RECLUTAS NASÍOS PA MATÁ
DURACIÓN: MOLA MÁS EL ADIESTRAMIENTO

01. TÍRAME DEL DEDO. 02. EL SARGENTO GRITA HASTA DESPUÉS DE LAS 12. 03. ES UN ÁNGELOTE. 04. LA CHINA HABLA COMO TARZÁN.

01

02

03

04

¡FUERA DE MI OBSTÁCULO!

BUENO, PUES HOY HE VISTO **LA CHAQUETA METÁLICA** Y OS VOY A CONTAR UN POCO...

La película va de un sargento que entrena chiquines como un mono doma cabras. Lo primero les casca un mote pero no de esos chulos de mutante como Mística o Lobezno, no, éste les llama pechuga de pollo o recluta corroncho y así se quedan.

El hombre es que cada vez que abre la boca se escapa el fenshui. Se los lleva a hacer fitness de marines pero cantando cosas del chumino y de la pirindola, y él detrás mencionando a sus ancestros. Y además la tiene tomada con uno gordito con tetitas blandiblú que le dice que si aprende a ser un aguerrido infante él se muerde el culo. Que el chiquín rebolludo al final se enfada y con razón, que es lo que le da la calidad a la película.

Y luego se van a la guerra y conocen a una china que habla como Tarzán que les dice "die dólale io shupo" y hacen competiciones de chistes con gestos de negro madafaca. En la guerra todo el adiestramiento de la primera mitad de la película no les sirve para nada porque no se encuentran ningún columpio ni tienen que ordenar su taquilla o cantar algo de Paquita la del barrio.

La banda sonora es muy buena porque es de mover el bullarengue en un guateque, y los diálogos están muy bien porque los soldados hablan como chulapos madrileños.

Te la recomiendo si te gusta cantar cosas del chumino y de la pirindola o tener tetitas blandiblú.

GÉNERO: SUBIR A CENAR
REPARTO: MÁS ACTORES QUE CEREBROS
DURACIÓN: EL DESEMBARCO DURA TODA LA GUERRA

01. UNO DE LOS TRES ESTÁ A PUNTO DE CONTAR UN CHISTE. 02. DEJADME ESTE TANQUE A MÍ. 03. A LA PLAYA A COGER SITIO. 04. ¿Y NO TE HA DICHO MI MADRE QUÉ QUERÍA?

01

02

03

04

RYAN, QUE DICE TU MADRE QUE VAYAS

BUENO, PUES HOY HE VISTO **SALVAR AL SOLDADO RYAN** Y OS VOY A CONTAR UN POCO...

La película va de unos soldados de la segunda guerra gorda que les dicen que se vayan a buscar al Ryan, que tiene que volver a casa que le llama su madre. Pero primero hay que hacer el desembarco, que es como coger sitio en una piscina municipal. Además como son soldados americanos comen chicle con la boca abierta y uno cuenta un chiste malo y los demás se ríen y luego ponen cara de echar de menos su rancho.

La misión les encabrona y están todo el rato ¿falta mucho? Que el capitán les dice menudo viajecito me estáis dando. Pero luego resulta que el Ryan es majo. Es muy pesado contando las batallitas de su familia que tiene a los otros deseando que lleguen los nazis a ver si se calla, pero no es mala gente.

La misión es un poco desastre, que se confunden de Ryan y le dan un disgusto al pobre chaval que casi me lo matan. Y además el único que conoce al Ryan bueno está sordo como la Venancia. De los sustos al capitán se le queda el pulso como para robar panderetas, que es lo que le da la calidad a la película.

Al final el capitán le hace así con la mano al Ryan y le dice: ven, príncipe. Con la que has liado ya puedes follar, beber y hacer cosas con enjundia que por tu culpa se ha muerto hasta el de la claqueta.

La banda sonora es muy buena porque es una trompeta que se va inventando la melodía mientras la toca, y el guión es muy bueno porque los soldados dicen "ey Mortimer, cogeré tu lengua y te la meteré por el culo hasta que te saborees la campanilla" porque los soldados americanos inventan chistes que son muy la monda.

Te la recomiendo si te gusta coger sitio en la piscina municipal o preguntar todo el rato si falta mucho.

CIENCIA-FICCIÓN

LA WIKIPEDIA DICE QUE LAS PELÍCULAS DE CIENCIA-FICCIÓN "PRESENTAN LA PROGRESIÓN DE LO DESCONOCIDO A LO CONOCIDO POR EL DESCUBRIMIENTO DE UNA SERIE DE ENIGMAS", PERO EN REALIDAD VAN DE NAVES ESPACIALES, RAYOS LÁSER Y ALIENÍGENAS ORTOPÉDICOS. SI LA PELÍCULA PRESENTA LA PROGRESIÓN DE LO DESCONOCIDO A LO CONOCIDO POR EL DESCUBRIMIENTO DE UNA SERIE DE ENIGMAS, ENTONCES NO ES GÉNERO DE CIENCIA-FICCIÓN, ES CINE ESPAÑOL.

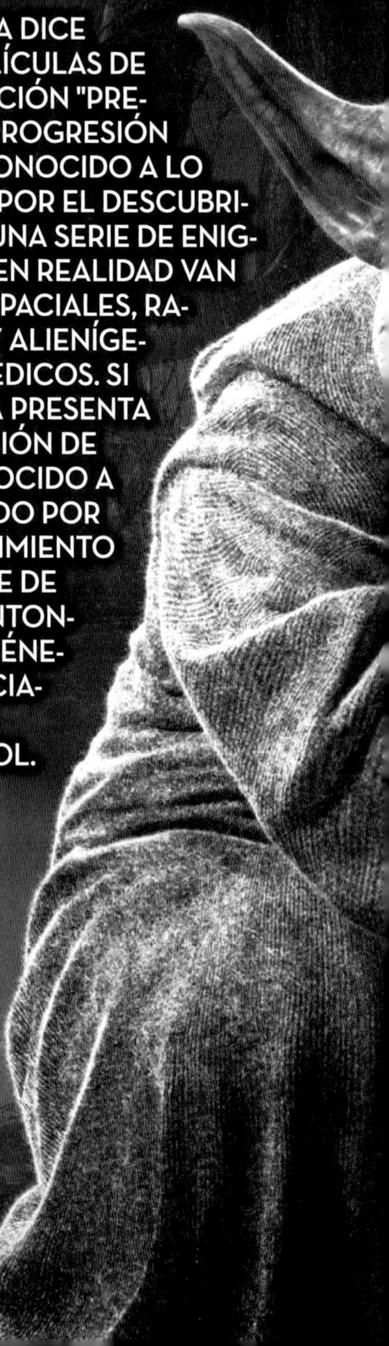

GÉNERO: CIENCIA-RISIÓN
REPARTO: DE CAFEÍNA EN LA TAQUILLA
DURACIÓN: COMO 2.001 HORAS

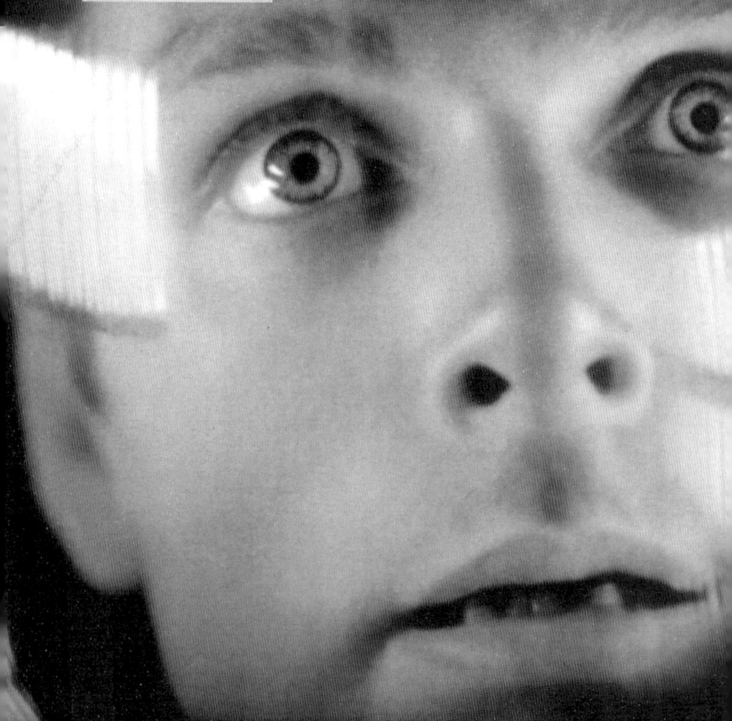

01. IMPACTANTE LA FORMA DE RESPIRAR DE LOS ASTRONAUTAS. 02. "MAMA", QUE ME BAJO AL PARQUE CON LOS COLEGAS. 03. UN OJO ROJO. 04. LA AZAFATA CON EL CASCO DE LA VESPINO DEL REVÉS.

01

02

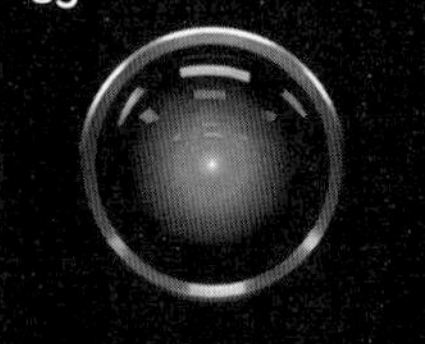

03

04

UNA ODISEA EN EL AUSPICIO

BUENO, PUES HOY HE VISTO **2001: UNA ODISEA EN EL ESPACIO** Y OS VOY A CONTAR UN POCO...

La película va de unos canis que están de pellas en el parque saltándose pretecnología, a sus cosas de canis (peleándose, comiéndose los piojos, oliéndose los culos), y de repente les ponen delante un panel y se vuelven locos de no saber qué es aquello, que les da más miedo que un libro sin dibujos.

Y luego ya la película cambia y va de un montón de naves tiradas por el espacio y unos que se reúnen en una nave que por dentro es como una bebeteca, con una azafata volando que se ha puesto el casco de la vespino al revés. Es todo muy del futuro, como el walkman.

En las naves van siempre comiendo pero todo guarrerías, y los viajes intergalácticos te los ponen enteros; la versión del director dura 14 años. Y luego mandan a unos a Júpiter que hay una escena impactante de un astronauta respirando fuerte un cuarto de hora. La nave habla por los codos pero despacito y los actores están ahí que se duermen pero que no, para mantener el ritmo trepidante.

Y también hay unos fundidos en negro de diez minutos cada uno que mi madre le daba manotazos al televisor en el costado porque decía que la tele no iba, y que es lo que le da la calidad a la película.

La banda sonora es muy buena porque es la música que puso mi hermana en su boda, y el guión es muy bueno porque el VHS incluye una escena inédita de 25 minutos con uno pelando una mandarina.

Te la recomiendo si te gusta saltarte pretecnología o ponerte el casco de la vespino al revés.

GÉNERO: MI PEQUEÑO ALIEN, CÓMO SER MAMÁ
REPARTO: DENTRO Y FUERA DEL ESTÓMAGO
DURACIÓN: HASTA QUE LA PALME SIGOURNEY

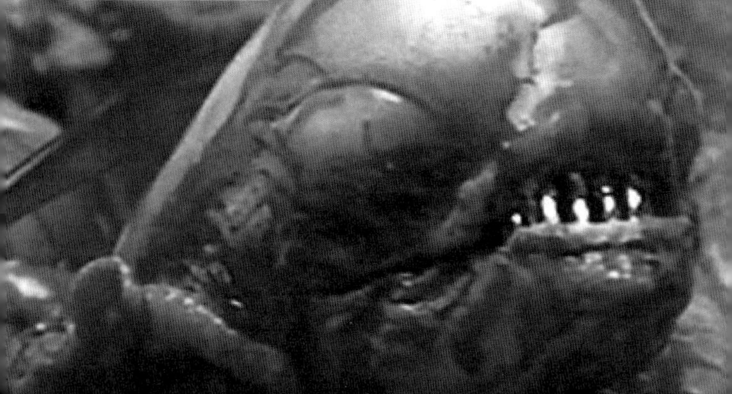

01. OLA K ASE. 02. CONTIGO NO, BICHO. 03. NO ME HAGAS BUCHES CON LA PAPILLA. 04. RA-RA-RASPUTÍN...

01

02
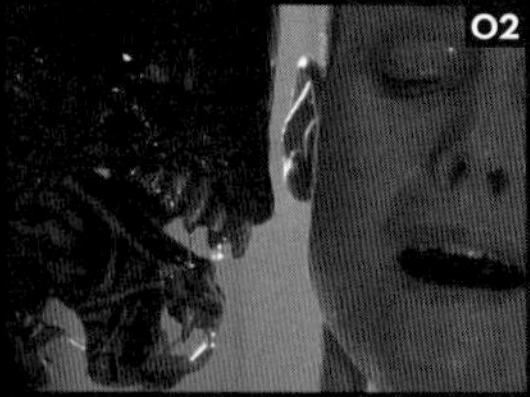

03
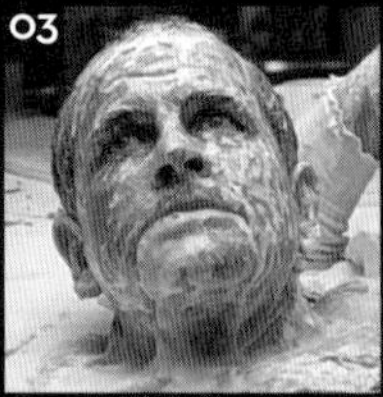

04

ESTE BICHO ES UN CAPRICHO

BUENO, PUES HOY HE VISTO **ALIEN: EL OCTAVO PASAJERO** Y OS VOY A CONTAR UN POCO...

La película va de un bicho que tiene una bulimia que se tiene que tratar porque va a ser de los mismos nervios. El bicho se cuela en una nave que debe ser española porque están todos durmiendo, comiendo y diciendo que cobran poco.

Bueno, la culpa de que se cuele el bicho es de la tripulación, que va a un planeta a gulusmear y a uno se le agarra a la cara un centollo y le pone un huevo. Y también hay un robot que está muy loco, que en el vino pone "servir frío" y él se lo toma del tiempo. Lo del robot les ha pillado de sorpresa porque se le veía un androide muy normal y siempre saludaba.

La nave está construida con muchos pasillos para que te puedan perseguir, y entonces los de la nave se ponen a perseguir al gato, y el alien se pone a perseguirlos a ellos; a esa escena le falta una cámara rápida y una música de Benny Hill. Tú vas por la nave con tu lanzallamas, te das la vuelta y ahí está el alien sonriendo como una tonadillera, pero tú no le puedes dar un viaje porque su sangre es como el vitroclen.

Y también está la teniente Ripley, que tiene más huevos que un desayuno continental, y el negro de Boney-M, que es lo que le da la calidad a la película.

Los efectos especiales están muy bien porque son un robot que escupe los potitos, y el guión es muy bueno porque andan todos peleaos que a veces el alien tarda en aparecer porque le da coraje interrumpir.

Te la recomiendo si te gustan los robots que escupen los potitos o sonreír como una tonadillera.

GÉNERO: PICAR Y CORTAR
REPARTO: UN MUERTO, BATMAN Y UNA ELFA
DURACIÓN: UNA ORIGINAL CUENTA ATRÁS

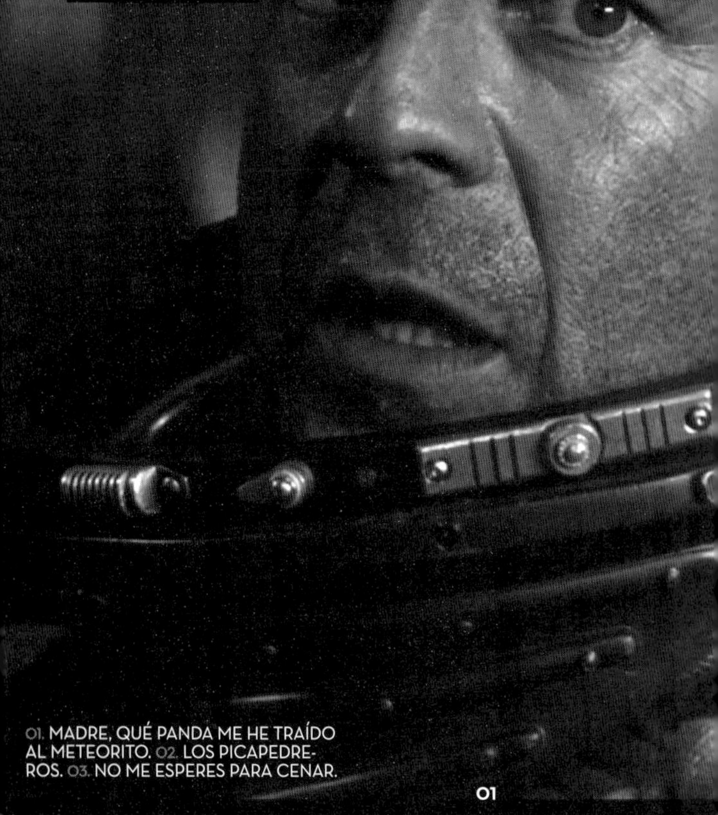

01. MADRE, QUÉ PANDA ME HE TRAÍDO AL METEORITO. 02. LOS PICAPEDREROS. 03. NO ME ESPERES PARA CENAR.

01

02

03

LOS PICAPIEDRA

BUENO, PUES HOY HE VISTO **ARMAGEDDON** Y OS VOY A CONTAR UN POCO...

La película va de unos pedruscos que caen en Nueva York, que es donde se estrellan siempre los asteroides y aterrizan los extraterrestres, y resulta que de camino viene un peñasco gordo de verdad, y ese tampoco va a caer en Pekín o en Moratalaz; va directo a Nueva York. Según el Comité Internacional de Pesos y Medidas el meteorito es "como varios campos de fútbol".

Entonces los de la NASA dicen que si la piedra esa cae en la Tierra cerrará hasta Telecinco, así que mandan una misión que iba a tener astronautas, científicos y soldados, pero mejor mandan a una cuadrilla de excavadores, los materiales aparte.

La cuadrilla tiene un gordo tatuado, un pervertido, un vaquero con rinoplastia, un ludópata, el jefe, el que se tira a la hija del jefe y un negro muy grande con la voz muy grave, que es lo que le da la calidad a la película. Luego un veterinario les hace un reconocimiento médico y un psicólogo certifica que efectivamente no hay nadie menos apto para esa misión y que el planeta está condenado.

Para llegar al meteorito pasan antes por una estación espacial donde hay un ruso con el gorro de Pocoyó que por cómo habla se le ha pegado un tofe a los dientes, y debe andar Sandra Bullock por ahí porque de la MIR no queda ni una tuerca atornillada cuando se van.

La música es de que se van a morir todos pero les van a aplaudir como a héroes hasta los pastores de Bangladesh, y los efectos especiales son muy buenos porque son hacer un agujero en una piedra.

Te la recomiendo si te gustan los pedruscos o que se te pegue un tofe a los dientes.

GÉNERO: POCAHONTAS CON RABO
REPARTO: BUENOS AZULES Y MALOS COLOR CARNE
DURACIÓN: LOS OJOS TE PICAN A LOS 30' POR EL 3D

01. NO ME PISES NADA, QUE ESTÁ TODO VIVO. 02. RETIRAR COLETA EN MODO SEGURO. 03. LOS MALOS SON DE UNA EMPRESA, PERO NO COMO MERCADONA. 04. UN SARGENTO DE VOZ GRAVE DE MUCHA CALIDAD.

01

02

03

04

TE VOY A ENCHUFAR TOA LA TRENZA

BUENO, PUES HOY HE VISTO AVATAR Y OS VOY A CONTAR UN POCO...

La película va de unos pitufos muy grandes que tienen USB en las coletas y que viven en un planeta que por la noche es como un puticlub chino. Para entrar en su tribu tienes que pasar las 12 pruebas de Astérix mientras el hijo del jefe te dice “me caes mal”, “te vas a morir”, “yo no soy tu bróder”

Los malos son unos de una empresa. Pero no una empresa como Mercadona, que te da la mejor calidad al mejor precio y es tu supermercado de confianza, con una gran variedad de productos frescos recién traídos del mar y de la huerta. No. Una empresa mala con inquina, como un restaurante chino, que mata gatitos.

Entonces unos de la empresa esa se meten en los cuerpos de pitufo y se unen a la tribu donde aprenden el valor de cerrar el grifo mientras te enjabonas y llevar los iphone viejos al punto limpio, porque los indígenas cuidan mucho su planeta y hablan con los tiestos cogidos de las manos. Además hay un sargento muy serio con la voz muy grave, más chungo que un semáforo en ámbar, y que es lo que le da la calidad a la película.

Los paisajes están muy bien porque hay montañas volando y champiñones que también vuelan, y el maquillaje es un esprai azul.

Te la recomiendo si te gustan los pitufos muy grandes o los puticluses chinos.

GÉNERO: GERIÁTRICOS MOLONES
REPARTO: YAYOS Y ALIENÍGENAS BUENOS
DURACIÓN: HASTA EL INFINITO Y MÁS ALLÁ

01. LA PISCINA DE MÁS BUEN ROLLO DE LA HISTORIA. 02. LOS YAYOS SE LO PASAN TETA. 03. LOS ALIENS SON TAN BUENOS QUE HASTA JUEGAN A LA BRISCA CON LOS YAYOS.

01

02

03

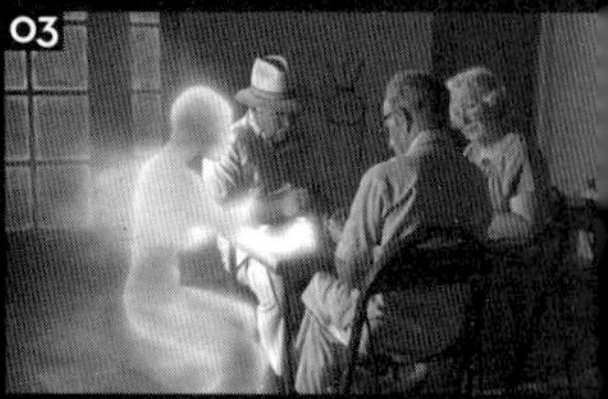

DESMADRE EN EL AMBULATORIO

BUENO, PUES HOY HE VISTO **COCOON** Y OS VOY A CONTAR UN POCO...

La película va de tres yayos que son un poquillo delincuentes de decir "cataplines", colarse en las casas y vacilar al nieto, y que se hacen amigos de unos alienígenas que están hechos de bechamel. Tú ya les puedes matar a todos los amigos que ellos ni se quejan ni te desintegran, son muy avanzados.

Los yayos andan un poquito averiados ya, que se les va un pelín la almendra y ven como un topillo campesino, pero cuando se bañan en la piscina de los extraterrestres adquieren poderes de yayo como no dormirse de pie, preguntar las cosas una sola vez o levantarse de la mesa sin arrastrar el mantel. Así tienen a las yayas locas, claro, que las sacan a bailar breakdance y se pegan el filete con ellas, que es lo que le da la calidad a la película.

Entonces los otros yayos que están en la residencia, nada más que tomando biodraminas como si fueran lacasitos, se van en tropel a la piscina que los alienígenas ya les dicen que a arreglarse los meniscos a otra parte, que aquello no es el Aquópolis de Atenas. Y los yayos diciendo "¿esto cuándo lo sacáis, en qué cadena?" Tú juntas cincuenta abuelos en una piscina y ahí no pone orden ni Robocop, menudo desmadre.

Los efectos especiales son muy buenos porque son muchos yayos haciendo el bandarra pero sin dobles ni nada, como la superabuela.

Te la recomiendo si te gustan los superpoderes de yayo o el Aquópolis de Atenas.

GÉNERO: ALIENÍGENAS CABEZONES
REPARTO: MUY FAMILIAR: YAYA, MADRE Y NIÑOS
DURACIÓN: TODA LA PELI BUSCANDO TELÉFONO...

01. MI CASA, IPHONE. 02. GUAPA, SENCILLA, NATURAL. 03. MIRA, MAMÁ, SIN MANOS. 04. DREW BARRYMORE SE DESPIDE DE LA YAYA MARCIANA POCO ANTES DE DARSE A LA BEBIDA.

01

02

03

04

LA YAYA QUE VINO DEL ESPACIO

BUENO, PUES HOY HE VISTO **E.T.** Y OS VOY A CONTAR UN POCO...

La película va de una señora mayor que parece Esther Cañadas con el cuerpo de Pozí. La señora sale de casa y se pierde, y entonces unos niños la raptan para hacerle la puñeta: la visten de gitana, la emborrachan, la tapan con una sábana, la despeñan, le achuchan al perro... La abuela respira que tú la oyes sin verla y dices "ya está aquí Darth Vader".

Entonces la pobre, que ya no puede más, pide un teléfono para llamar a su casa pero los niños le dicen que pa su culo un futbolín, que se la quedan de mascota. Los niños la verdad es que son una monada, pero son malos como funcionarios sin desayunar. Y tienen una madre que les regaña sonriendo, moviendo así el dedo y diciendo "ñiiiñooos".

Luego se pone todo el mundo a buscarla, hasta el ejército, pero los niños erre que erre, que no devuelven a la yaya. Hasta que ya la señora se pone mala que se queda blanca con las tetas rojas, el niño se pone malo, la madre se pone histérica, la hermana se pone bizca y ya la abuela se va, que menuda semanita le han dado.

La señora tiene el poder mágico de hacer volar las bicicletas con una luna llena de fondo, que es lo que le da la calidad a la película.

La banda sonora está muy bien porque dan ganas de tirarse por la ventana con la bicicleta, y los actores son muy buenos porque no hacen más que abrir la nevera para beber leche.

Te la recomiendo si te gustan los funcionarios sin desayunar o abrir la nevera para beber leche.

GÉNERO: ÑAPAS EN EL ESPACIO
REPARTO: SANDRA Y UN POQUITO GEORGE
DURACIÓN: AÑOS LUZ

01. SANDRA VIENDO LA QUE ESTÁ LIANDO. 02. SANDRA NODOYUNA. 03. SANDRA Y GEORGE HABLAN DE SUS COSAS. 04. A MÍ EN LA NAVE ME GUSTA IR FRESQUITA.

01

02

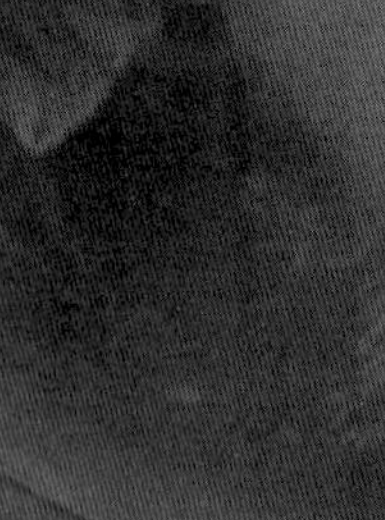

03

04

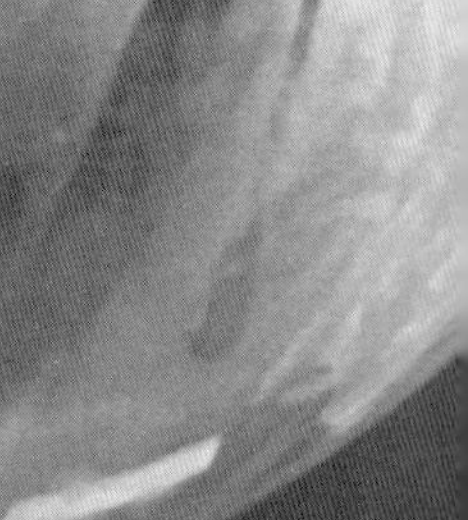

HOUSTON, TENEMOS DOS PROBLEMAS

BUENO, PUES HOY HE VISTO **GRAVITY** Y OS VOY A CONTAR UN POCO...

La película va de unos astronautas que están en el espacio haciendo ñapas en la nave y de repente aparecen Sandra Bullock y George Clooney y ya la peli pasa a llamarse "Gravity in love: amor en órbita".

Los astronautas están ahí como en el bar, soltando chascarrillos y haciendo volteretas, y hay un ruso que debe ser drogainómano de porros y es todo muy familiar, te hacen sentir astronauta a ti. Es una película muy trascendental porque la ha dirigido un mexicano.

Luego ya se quedan Sandra y George flotando y hablando de su veraneo, de que ella se ahoga, de que se van a morir... De sus cosas. Y se van chocando con todo lo que hay en el espacio, que como es pequeño... Tú sueltas un globo de helio y les da a ellos.

Además la chiquina es como el Pierre Nodoyuna de la NASA. Tiene unas manos que parecen los pies de otro y va por las estaciones espaciales que no deja una entera, la que lía es pequeña. He visto a mi abuela programar el DVD con más pericia.

Los diálogos están muy bien porque es media película Sandra Bullock jadeando, media película Sandra Bullock hablando sola, y la actuación es muy buena porque es ella con cara de que le han subido el IBI, que es lo que le da la calidad a la película.

Te la recomiendo si te gusta sentirte astronauta o que te suban el IBI.

GÉNERO: GUERRILLA GALÁCTICA
REPARTO: LOS MISMOS QUE VEMOS CUANDO VAMOS BORRACHOS
DURACIÓN: DOS TRILOGÍAS HECHAS Y OTRA ESTÁN EN ELLO...

01. EL CHIQUÍN.
02. LA PRINCESA.
03. EL ESTRAPERLISTA.
04. LA SEÑORA PORTUGUESA.
05. EL OBI WAN.
06. EL ROBOT PEDANTE.
07. EL ROBOT CABEZÓN.
08. EL NAZI.
09. EL EWOK.
10. DON MIGUEL DE UNAMUNO.

ESTAR

CIENCIA-FICCIÓN

GUAI

Bueno, pues hoy he visto la TRILOGÍA BUENA DE LA GUERRA DE LAS GALAXIAS (IV, V y VI) y os voy a contar un poco...

Las películas van de unos perroflautas harapientos que son los que dan mala imagen al Imperio y no respetan las urnas. Además tienen humanos y calamares y una señora portuguesa que se llama Chubaca. Terroristas todos. Se quejan porque el emperador se ha gastado los impuestos en una estrella de la muerte que no hacía ninguna falta, que hay cosas más necesarias.

Entonces un jedi, el Obi-Wan, coge para entrenarlo a un chiquín rubio que vive en una granja con un robot melodramático y otro canijo que es un macarra. El robot dorado no hace otra cosa que correr como un lagarto con minifalda retrasando a todo el grupo, pero el otro, el chiquitajo cabezón, está muy espabilado. Te das la vuelta un momento y ya se ha escapado a liar alguna.

El Kenobi dice que si el rubio ha sobrevivido siendo así de móngol es que ha nacido con un midicloriano en el culo. Por eso le enseña y le dice todo el rato "usa la fuerza, Luke, usa la fuerza", que el Luke le dice que como use más fuerza se hace caca, que es lo que le da la calidad a la película. Luego se va a terminar su entrenamiento con un viejo verde que le da sabiduría: "mmm... la seda aunque de vista se queda, se queda mona, joven Skywalker". Con esos dos maestros lo raro es que al muchacho sólo le corten una mano y no le den ni una patada en los huevos.

Hay también por ahí una princesa que lleva dos phoskitos en las orejas y un contrabandista muy resalao al que persigue media galaxia por trafullero, que le debe créditos galácticos hasta a Bankia. Este es el amigo de la señora portuguesa, que cada vez que ella gruñe él traduce pero inventándoselo, total, qué más da, si los demás tampoco la entienden. Luego se alían con unos perros Shih Tzu con lanzas que bastante tienen las criaturas con mantenerse de pie sin caerse de espaldas, como para ponerse a luchar contra el Imperio. Menos mal que los soldados imperiales disparan a no dar... Y además el Obi-Wan se deja matar para poder estar en todas partes atosigando con la fuerza. Esos son los buenos. Y luego se preguntan por qué van perdiendo.

El malo es un parquímetro con asma y un casco nazi que tuvo una pelea con el Obi-Wan y, por lo visto, suyo sólo le queda un cojón y las pestañas, el resto es postizo. Que le dé una paliza el Kenobi, que maneja el sable de luz como el limpiafondos de la piscina, tiene delito.

El Vader este le dice a Luke que se vaya con él a lo oscuro que le va a hacer no sé qué, pero el chiquín le dice que no, que él sabe que por dentro aún es bueno (no le debe haber visto por dentro, porque el hombre está hecho de bolas de papel de periódico, por lo de la paliza que le dieron).

Aunque el malo supremo, el que no dimite, es un lémur con capucha que tira rayos y hace "muajajaja" (onomatopeya de risa malévola) y dice que votar a los partidos minoritarios, como el de los moradores de las arenas, es tirar el voto.

La banda sonora es muy buena porque cuando suena la música de Darth Vader te pones la mano en el corazón y te dan ganas de que se mueran todos los buenos, y los efectos especiales son unos palos que brillan y suenan "uau uau uau" haciendo el sonido con la nariz. Te la recomiendo si te gusta ir a lo oscuro o estar en todas partes atosigando.

GÉNERO: EXPERIMENTOS CON HUMANOS
REPARTO: BEN-HUR EN EL ESPACIO
DURACIÓN: UN SIGLO ANTES DE STAR WARS

O1. COMO LA HUMANA ES MUDA, EL PIQUITO ES PARA LA MONA. O2. LOS HUMANOS DESNUDOS Y LOS MONOS ABROCHAOS HASTA EL CUELLO. O3. EN LA TELE NUEVA YORK PARECE OTRA COSA.

O1

O2

O3

MONKEY ISLAND

BUENO, PUES HOY HE VISTO EL PLANETA DE LOS SIMIOS Y OS VOY A CONTAR UN POCO...

La película va de unos que son astronautas pero parecen los del gas natural, que van en una nave que es un prodigio tecnológico con sus botones gordos y sus manivelas, con el capitán fumándose un purito farias, y llegan a un planeta y aparcan la nave en un pantano como vascos. Son muy valerosos pero el jefe se tira al agua tapándose la nariz.

Entonces se bañan en una cascada en pelota remojona y unos facinerosos les roban las cosas que para qué querrán tres trajes de argamboy y una caja llena de cachivaches. Y después les capturan unos monos a caballo con metralletas. Son monos que hablan mucho y te miran mal, de la especie monos-suegra. Ahí los monos se comportan como humanos y los humanos como irlandeses.

Los monos esos tienen mucha manía de coger del cuello y de llevarte a rastras, y por eso el protagonista no puede hablar, porque tiene la garganta tomada, pero en cuanto recupera el habla les pone de monomierda para arriba que se lleva una paliza pero se queda tan a gusto. Porque claro, en ese planeta no puedes decir "qué cosa más mona" ni nada de eso porque te juegas la salud.

Y luego hay dos monos con la LOGSE que le ayudan porque el hombre para ser astronauta está un poco fofito y colgante. Así que se coge a una chiquina que no sabe hablar ni falta que le hace al otro, le pega un morreo a la mona y se va.

La banda sonora es muy buena porque la han interpretado los mismos monos con el menaje de la cocina, y el maquillaje está muy bien porque los astronautas se han hecho un viaje de dos mil años al futuro y les ha salido un poco de barbita.

Te la recomiendo si te gusta aparcar como un vasco o darle un morreo a una mona.

COMEDIA

SE SUPONE QUE TE TIENES QUE REÍR AUNQUE NO TE HAGAN GRACIA. SI LA PELÍCULA NO DEBERÍA HACER GRACIA PERO LO CONSIGUEN SIN QUERER, NO ES GÉNERO COMEDIA, ES CINE ESPAÑOL.

GÉNERO: QUE TE TIENE QUE GUSTAR SÍ O SÍ
REPARTO: UNA CABRERA HÚNGARA QUE PONE CARAS
DURACIÓN: LO QUE DURA UNA PELI FRANCESA

01. AMELIA POTRANCA, LA NUERA QUE TODOS QUISIÉRAMOS TENER. 02. PELO DE QUITA Y PON. 03. NI EN LA CAMA LE CAMBIA DE EXPRESIÓN 04. EL NOVIO, PARA ECHARLE DE COMER APARTE.

01

02

03

04

AMELIA POTRANCA

BUENO, PUES HOY HE VISTO **AMELIE** Y OS VOY A CONTAR UN POCO...

La película va de una chiquina, Amelia Potranca, que decide ayudar a todo el mundo, como los que se ponen en la puerta de la FNAC. Coge a un señor ciego y lo pierde, le llena la casa de trampas a un frutero, roba maletas, lee correo ajeno... Le falta quemar cajeros y mearse en los buzones. La chica muy lista no es, pero le pones una pelota en la nariz y aplaude.

La chiquina tiene el pelo como un clic de famóbil y va vestida como una cabrera húngara. Todo adornado con síndrome de Diógenes, cleptomanía, trastorno obsesivo compulsivo, manía persecutoria y visiones, por eso es tan adorable y te sientes identificado. Todo el mundo la trata muy bien porque la gente que se ríe como ella normalmente va armada.

Para conseguir la paz en el mundo se cuela en la casa de la gente a curiosear y recoge toda la mierda que se encuentra por la calle. Además se enamora de un chiquín que es otro sociópata y que es lo que le da la calidad a la película. Cuando a los dos les coincide la medicación es un amor muy bonito, montando en moto sin casco y enseñándose sus basuras más valiosas.

También está la voz de un señor que no se le ve y que no para de decir tonterías en toda la película: "A Amelie le gustan los terremotos y chuparse el puño de nocilla", "Al señor Dupont le gusta fumigar cosechas y que la camisa le haga molleja", "A la señora Papin le gusta lamer radiadores y bostezar como una besuga". Y así todo el rato. Es una película muy íntima y profunda porque es europea.

Los diálogos son muy inteligentes y audaces porque son europeos, y la banda sonora es la música de un ascensor, europea.

Te la recomiendo si te gustan las cabreras húngaras o la música de ascensor.

GÉNERO: MUJERES DESESPERADAS
REPARTO: LA MADRE DEL NIÑO QUE VE MUERTOS
DURACIÓN: LAS BODAS, INTERMINABLES

01. BODAS, ESAS CELEBRACIONES TAN ALEGRES. 02. VAYA DOS PUTAS PA UN BANCO. 03. ¿LO CUALO? 04. EL VESTUARIO ES MUY BLANCO.

01

02

03

04

ERES MAGRA, MURIEL

BUENO, PUES HOY HE VISTO **LA BODA DE MURIEL** Y OS VOY A CONTAR UN POCO...

La película va de una chiquina entradita en bacon que va dando de sí los vestidos de novia de todas las tiendas. Ella lo que quiere es casarse pero con quien sea, al pito pito gorgorito. Que va a una boda y cuando la novia tira el ramo se lanza a por él como una mona a por un cacahuete, parece Gozilla en "Mira quién salta".

A la muchacha la odia todo el mundo y tiene una familia que es como un safari por la fábrica de Campofrío y que también la odia. Le escupiría hasta el Dalai Lama. Se lo dice incluso su hermana la que parece un trol de peluche: "eres mala, Muriel", que es lo que le da la calidad a la película. La verdad es que la chica está jamona de recebo.

Entonces se va de vacaciones y se echa una amiga, María Chocholoco, que vaya dos putas pa un banco. Se disfrazan para hacer un baile que tú ves que el vestido de la Muriel está aguantando 9 atmósferas y por algún sitio tiene que ceder. Luego parece que adelgaza un poco pero la amiga le pellizca la panza y le dice "ayyy, que esta piel no vuelve al hueso".

El vestuario está muy bien porque a la chica le queda cualquier vestido como a una monja un lanzallamas, y la banda sonora es muy buena porque sí.

Te la recomiendo si te gusta casarte con quien sea o dar de sí los vestidos de novia.

GÉNERO: GASTRONÓMICO (DE PASARSE EL ARROZ)
REPARTO: UNA CHIQUIÑA Y SU BRAGAFAJA
DURACIÓN: LA TERCERA PARTE ESTÁ AL CAER

01. EL TRÍO LALALÁ. 02. BRIDGET ARREGLADITA. 03. AQUÍ ESCRIBO CÓMO ME IGNORAN. 04. DOBLANDO UN JERSEY.

01

02

03

04

EL DIARIO DE MI MAL FARIO

BUENO, PUES HOY HE VISTO EL DIARIO DE BRIDGET JONES Y OS VOY A CONTAR UN POCO...

La película va de una chiquina rechoncha y ceporrina que busca novio porque ve que se le espapaya el risoto. La cosa es que fuma como un envenenao y bebe a morro lechón, que cualquier pastor de cabras libanés querría una cita con ella, y además no sabe bajarse de algo sin caerse y viste como una gitana en la zarzuela, pero inexplicablemente sigue sola.

Encima la cacatúa de la madre no deja de presentarle asquerosidades de hombres, pero ella se enamora de dos chiquines que uno nada más que le gusta quitarle la bragafaja y bajarse a la merendola, y otro que es más soso que contestar al telefonillo. Y claro, ella no sabe por cuál decidirse porque le gusta lo mismo el plan de sofá y mantita que el de estar a veinte uñas. Bridget es muy romántica, se le nota cuando chupa el bolígrafo.

La pobre no puede ir a la playa porque vienen los de Greenpeace y le echan cubos de agua por encima. Y todo lo que le va pasando lo escribe en un diario que es como un trabajo de la ESO o se lo cuenta a sus amigos que son aún más patéticos que ella. Los amigos están toda la semana esperando a que llegue el finde para salir a dar asco a los bares.

El vestuario está muy bien porque a la Bridget cualquier prenda le abutifarra, y el maquillaje es muy bueno porque está hecho a pellizcos en la cara, que la Bridget va toda la película con una cogorza de fiestas patronales que no se tiene vertical.

Te la recomiendo si te gusta beber a morro lechón o bajarte a la merendola.

GÉNERO: CINE ESPAÑOL SIN TETAS
REPARTO: ROSSY DE PALMA ECLIPSA AL RESTO
DURACIÓN: SE TE PASA EN UN GAZPACHO

01. ¡PAÑUN, PAÑUN! 02. JUNTAS TIENEN MÁS GOYAS QUE EL MUSEO DEL PRADO. 03. NO HAY PELÍCULA ESPAÑOLA SIN TARTAMUDO. 04. EL MÍTICO WILLY MONTESINOS Y SU MAMBOTAXI.

01

02

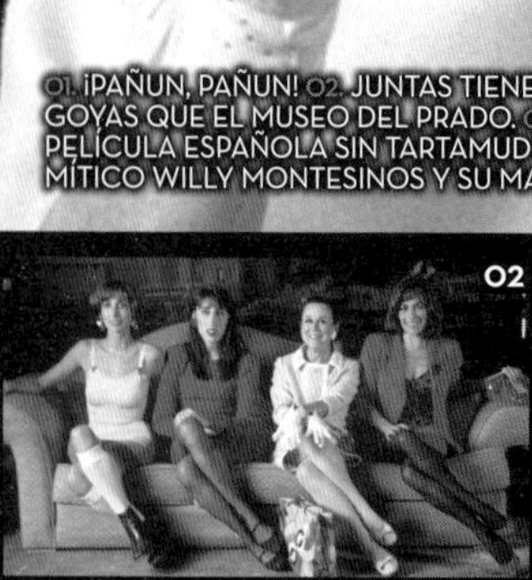

03

04

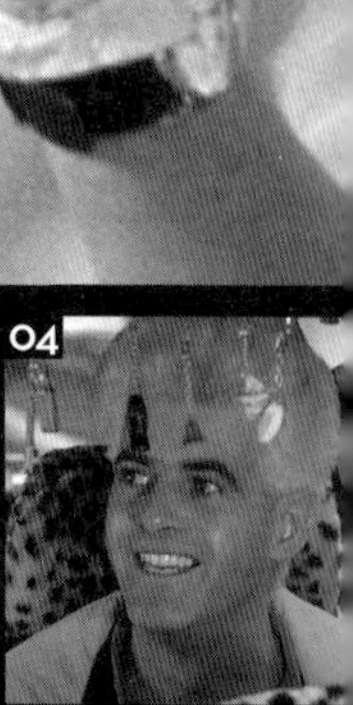

MUJERES DESESPERADAS

BUENO, PUES HOY HE VISTO **MUJERES AL BORDE DE UN ATAQUE DE NERVIOS** Y OS VOY A CONTAR UN POCO...

La película va de unas mujeres al borde de un ataque de nervios, como su propio nombre indica. Unas más que otras. Algunas están nerviosas y otras drogadas y cachondas. Además se ve que es una película española porque hay un personaje muy salao de decir "almóndiga" y hablar alto y los demás están enfadados.

La protagonista es una que está despanzurrada boca abajo en la cama, que parece que se ha caído del techo, y cuando está callada se le ven los dientes como a la camioneta de Cars. Se llama Pepa, a secas. Y como es una película española tiene una amiga andaluza que va muy sofocada con mucho "ohú", mucho "mi arma" y mucho "oyoyoy"

La mujer se dedica a doblar películas o lo que le den, camise tas por ejemplo. Que si la andaluza anda nerviosa esta está más tensa que el tendedero de los Brady. Además droga el gazpacho con miolastanes y se pone hasta la barretina. Así va luego, hablando sola y pegando hostias a las abogadas feministas.

Y luego llegan el hijo del amante que es tonto de intentar chuparse el codo y su novia, o lo que sea eso que va con él, un pez sobaco o algo, que es lo que le da la calidad a la película. Y la ex amante del ex amante. Esto tiene que ser así de complicado porque es una película de Almodóvar, es lo que hay. Y todo ese lío por un señor de 70 años que es más feo que Rocky guiñando el ojo vago.

La historia es muy buena porque ganó un Óscar al mejor guión inadaptado (social), y el vestuario es de la diseñadora Ágata Ruiz de la Arcada.

Te la recomiendo si te gusta despanzurrarte boca abajo o intentar chuparte el codo.

GÉNERO: MONJAS QUE CANTAN
REPARTO: LA BRUJA DE "GHOST" CON HÁBITOS
DURACIÓN: TAN LARGA COMO UNA MISA

01. JESÚS, MARÍA Y JOSÉ... 02. MONJAS MONITORAS DE TIEMPO LIBRE. 03. ¡TODO EL MUNDO TOCANDO PALMAS!

01

02

03

SOR GUATEQUE

BUENO, PUES HOY HE VISTO **SISTER ACT** Y OS VOY A CONTAR UN POCO...

La película va de una señora que lleva el pelo como si hubieran estado follando dos gatos en su cabeza. Ella es un poco cabaretera y entonces se mete a monja y se va a un convento donde monta un coro con una monja gorda, otra vieja, otra sorda, otra que canta bajito pero si le aprietas la tripa canta fuerte, etcétera. Y además se lleva mal con la monja alfa (que se ve que es la que manda porque dice mucho que no con la cabeza).

El coro al principio suena como el hipo de Gozilla pero luego ya cantan bien y entonces la iglesia se llena de toda la gentuza del barrio, delincuentes juveniles, gente fea, clase media... Que es lo que le da la calidad a la película. Claro que toda esa gente sólo va a la iglesia porque hay música y hostias, como en una rave.

La monja que manda, la Sor Gento, quiere que las hermanas se queden quietecitas en el convento porque las conoce y sabe que andan todas averiadas, pero la otra, que no hay tugurio donde no tenga un 2x1, se las lleva por ahí porque dice que los jueves se sale de toda la vida.

Y después las monjas se van al casino y al final tocan delante del Papa y la monja del pelo frito da palmas, las otras monjas dan palmas, la monja alfa da palmas, el cura da palmas, los que pasaban por allí dan palmas, el Papa da palmas.

La banda sonora está muy bien porque en las actuaciones sólo hay cantantes y un piano pero ahí suenan violines, oboes y hasta celemines.

Te la recomiendo si te gustan las monjas con el pelo frito o ver al Papa tocando palmas.

DRAMA

PENAS Y PROBLEMAS DE MUCHA GENTE O DE POCA GENTE, SEGÚN SEA DRAMA, DRAMÓN O SOPONCIO. SI SON PROBLEMAS O PENAS DE GENTE QUE YA DE POR SÍ ES PENOSA O PROBLEMÁTICA NO ES GÉNERO DRAMA, ES CINE ESPAÑOL.

GÉNERO: EL SUEÑO AMERICANO
REPARTO: KEVIN, LA CHIQUINA RUBIA Y OTROS
DURACIÓN: LA ESCENA DEL BESO ES CORTA

01. LA NIÑA DE LOS PÉTALOS. 02. ESTÁ BLANDITO. 03. QUÉ BONITO ES EL SUEÑO AMERICANO. 04. NUNCA DIGAS DE ESTA BOCA NO COMERÉ.

01

02

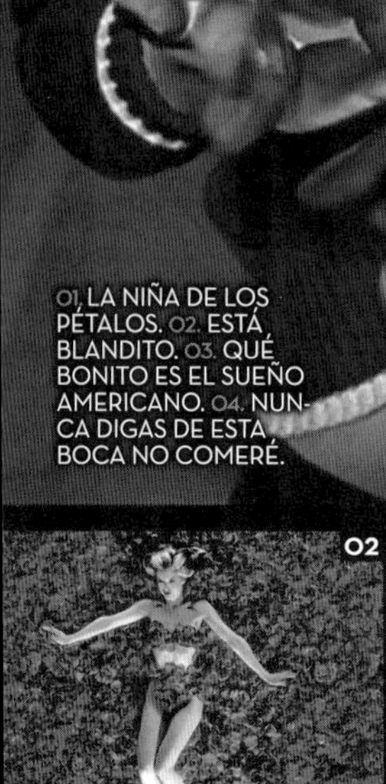

03

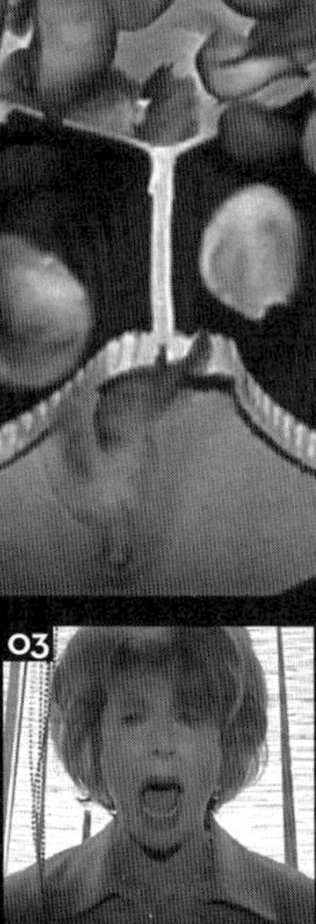

04

"PÉTALO" LA SUPERNENA

BUENO, PUES HOY HE VISTO **AMERICAN BEAUTY** Y OS VOY A CONTAR UN POCO...

La película va de una familia deprimente haciendo cosas lamentables. Lo que es el sueño americano. No es una de esas familias de antes que los hijos volvían a casa descalabrados y hechos una croqueta de escombros y la madre agitaba el dedo índice y decía "jovencitos...". Los de esta familia cenan todos juntos y se echan unas miradas que parece una partida de ruleta rusa entre coyotes.

Quitando las cenas cada uno va a su bola. La hija se hace novia de un baboso que le espía y le graba y no es para mandarlo a "vídeos de primera", y la madre anda liada con un señor que parece una lesbiana de mediana edad, que es lo que le da la calidad a la película.

Pero el campeón de dar pena es el padre, que es de esos que dicen "very well fandango" y "efectiviwonder" para hacerse los modernos delante de los amigos de sus hijos. Además le rezuma la baba por la amiga de su hija y se pone a hacer ejercicio para impresionarla. El pobre hombre le pone empeño pero cada vez que levanta una pesa se le pone la lorza en tensión y le fofean los colgajos. Además se pasa el día haciéndose pajillas como un mandril.

A la rubia le ponen a parir hasta las feas, que le llaman guarra. Yo no sé si será guarra pero antes de chuparse el dedo se saca el chicle de la boca, se lo pega detrás de la oreja y se aparta el pelo de la cara con una mano. Sus padres le han tenido que comprar un coche con la palanca de cambios en el volante, no digo más.

La banda sonora es de esas de dar con un palo a unos tubos, y los efectos especiales son muy buenos porque son pétalos de rosa que le salen al protagonista de la boca y a la rubia de las lolas, que son una metáfora de querer follar.

Te la recomiendo si te gusta hacer cosas lamentables o que te fofeen los colgajos.

GÉNERO: CÁRCELES CON ENCANTO
REPARTO: EL LISTO, EL POLI FEO, EL ALCAIDE...
DURACIÓN: DOS CADENAS PERPETUAS

01. LOS ALCAIDES SIEMPRE PONEN LA MISMA CARA AL DESCUBRIR EL TÚNEL DE UN PRESO. 02. TIENE LA CELDA COMO LA HABITACIÓN DE UN QUINCEAÑERO. 03. SIEMPRE ES BUENO ECHARSE UN AMIGO EN LA CÁRCEL QUE PILOTE. 04. LE VA A PARTIR UN RAYO.

01

02

03

04

CADENA CORTITA

BUENO, PUES HOY HE VISTO **CADENA PERPETUA** Y OS VOY A CONTAR UN POCO...

La película va de un chiquín que le condenan a dos cadenas perpetuas consecutivas, que es una faena si eres budista y te pensabas reencarnar. Así que le mandan a una prisión que es una corrala de batusis. El que manda es el alcaide que dice que mientras no blasfeme y se lea los salmos, le van a pegar lo justito, las palizas que marca el convenio.

Los antiguos reclusos le aplauden cuando llega, le gritan como grupis desde las celdas, liga en las duchas con una banda de rompecorazones; enseguida hace amigos. También conoce a un negro con boina que lleva más tiempo allí que los barrotes y es el que hace los contrabandos, todo artículos de primera necesidad: tabaco, güisqui, porno, martillitos de gemólogo... La moneda oficial para apostar y trapichear son los cigarrillos.

Entonces empieza a trabajar en la lavandería y va ascendiendo a contable de los carceleros, bibliotecario y profesor particular. Y a veces hace el amor con la banda de las duchas y está 19 años excavando un túnel a pellizcos. Y consigue libros. Y ya.

El alcaide le tiene haciendo declaraciones de la renta sin darle de alta ni cotizarle, y como no le puede pegar porque lleva gafas, le hace todo el lío fiscal y le roba los zapatos recién limpitos, que es lo que le da la calidad a la película.

Los efectos especiales son muy buenos porque la comida tiene un gusano y se ve cómo se mueve, no lo mueve un preso disimulando, y el director es muy bueno porque quería hacer una película de un banquero y le salió una película de cárceles.

Te la recomiendo si te gusta hacer la declaración de la renta o te piensas reencarnar.

GÉNERO: TODOS EN UNA SOLA PELI
REPARTO: TOM HANKS, PARA VARIAR
DURACIÓN: DE CAMEO EN CAMEO

01. ¡NI SE TE OCURRA SENTARTE SI LE VES EN UNA PARADA! 02. YA CORRÍA DESDE NIÑO. 03. FORREST, JUGANDO AL RUGBY DE COBARDES. 04. LA YEN-NNI, EN SU ETAPA JIPI.

01

02

03

04

EL VARAS DE LA PARADA

BUENO, PUES HOY HE VISTO **FORREST GUMP** Y OS VOY A CONTAR UN POCO...

La película va de un chiquín un poco desprovisto que está en la parada del autobús lanzándose bombones a las fauces y contando su vida a todo el que se acerca, como las señoras que van a los sitios a eso, a aprovechar un descuido y zas: "hay que ver lo que tarda...".

Por lo visto de pequeño le pusieron unos zapatos que iba el niño como Robocop y la madre tenía montada en casa una pyme de pilingui. Bueno, la madre siempre lleva la cabeza como un patio cordobés y dice "tonto es el que hace tonterías", así que ya sabemos de dónde le viene al niño la astucia zorruna que se gasta.

Entonces el chiquín se dedica básicamente a correr y a conocer famosos. Enseña a bailar a Elvis Presley, conoce a todos los presidentes de Estados Unidos, le fichan para jugar a eso que los norteamericanos llaman fútbol y nosotros rugby de cobardes, le enseñan a jugar al ping-pong y es el mejor del mundo, es dueño de Apple, máster del universo, Archiduque de Austria-Hungría y no inventa la luz porque ya estaba inventada.

Además conoce a una chiquina que se pega una vidorra a la galopa de porros y furgonetas y cuando ya no la quieren ni en las sectas se va con él, que se ha hecho rico pescando gambas. La idea de las gambas se la dio un negro con el labio como la barra de un chiringuito que era tan listo como él, y que es lo que le da la calidad a la película.

Los efectos especiales están muy bien porque son Forrest Gump corriendo más rápido que las bicicletas, y sin ruedines, y el actor es muy bueno porque no necesita ponerse bizco ni aplaudir como una foca para conseguir la riqueza de matices.

Te la recomiendo si te gusta llevar la cabeza como un patio cordobés o jugar al rugby de cobardes.

GÉNERO: ESCENAS DE MATRIMONIO
REPARTO: EL DEL BIGOTE Y LA QUE LLORA
DURACIÓN: HACEN FALTA CUATRO DVDS

01. AUNQUE SE PASA LA PELI LLORANDO, ESCARLATA HACE LO QUE LE SALE DE LA TARA. 02. TO PA ELLA. 03. LA MAMI VIGILANDO. 04. NI LO SÉ, NI FALTA QUE ME IMPORTA.

01

02

03

04

¿TIENES MÁS HAMBRE? ¿TE FRÍO UN HUEVO?

BUENO, PUES HOY HE VISTO **LO QUE EL VIENTO SE LLEVÓ** Y OS VOY A CONTAR UN POCO...

La película va de una chiquina que tiene una asistenta que es un conguito con turbante y le aprieta el corsé que le va a sacar las tetas por la nuca. La Mami ésta además le dice que no coma como una cerda ansiosa en los banquetes, que así no se casa ni con Sandokán.

En las fiestas son todos tan tiernos que los ositos de gominola se los comen a ellos, y la Escarlata va a buscar marido pero haciendo pesca de arrastre, al "to pa mí". Esta se asoma al baile, echa un vistazo y dice "aquí hay enjundia", se remanga y al lío. Las otras chiquinas dicen que le van a regalar unas rodilleras y un babero, no sea que se manche o se lesione. Y en un sarao conoce a uno con bigotillo que es más chulo que aparcar en la puerta, que dicen que es muy disoluto, como el Nesquic.

Entonces estalla la guerra y los sureños de jolgorio, cógeme sitio que voy con unos colegas, y Escarlata triste porque no le puede seguir metiendo ficha al marido de su mejor amiga. Así es ella, cerda pero con sentimientos, como Pepa Pig. Después de la guerra vuelve a casa con la amiga a rastras y el carácter más durito, que le pega una hostia a una esclava que le cambia la voz. Es la nueva Escarlata, igual de guarra pero con más garra.

La segunda mitad de la película es "escenas de matrimonio". Y la Mami ahí perenne, que si por ella fuera cogía a las chiquinas y las abofetearía con un calcetín mojado en babas.

El guión es muy bueno porque tiene las frases míticas del cine: "a Dios pongo por testigo de que me lo voy a seguir comiendo todo" y "francamente, querida, me suda el panetone".

Te la recomiendo si te gusta comer como una cerda ansiosa o ligar haciendo pesca de arrastre.

GÉNERO: DE ADIVINAR CANCIONES
REPARTO: ARTISTAS Y PROSTITUTAS
DURACIÓN: RITMO VERTIGINOSO

01. ESTA ES UNA PELÍCULA MUY DE PONER CARAS. 02. NICOLE, A LA ESPERA DE QUE LE MUEVAN EL MOLINO. 03. EL CHIQUÍN Y SUS AMIGOS ARTISTAS ZARRAPASTROSOS. 04. SÍ, ES OTRA PELÍCULA DE CANTAR CON LA BOCA MUY ABIERTA.

01

02

03

04

POEMAS DE AMOR EN UN PUTICLUB

BUENO, PUES HOY HE VISTO **MOULIN ROUGE** Y OS VOY A CONTAR UN POCO...

La película va de dos chiquines que se enamoran en un puticlub con un molino empotrado en la fachada. Nada más que hay gente de esa que no paga IRPF y que dicen que son artistas. Que eso no es arte, eso es que te has fumado un porro y te han dado un folio y unos rotus.

El chiquín escribe a máquina como Jessica Fletcher y a la chiquina la atan a una cuerda y la giran por los aires que le pasa el cogote rozando los focos, mientras abajo baila hasta el del ropero. Hay gente pegada con velcro a las paredes de no caber ya nadie más. Y todo lo cantan y lo bailan, son como el Youtube de los Fraggle. Esto con Napoleón no pasaba.

DRAMA

Entonces él hace poemas muy bonitos como "el perro ladra, el gato maúlla, me gustas mogollón y eres rubia" y ella se pone como la gata Flora a reptar por toda la habitación del gustito que le da la rima, que es lo que le da la calidad a la película. Que se supone que se va a casar con un duque, pero a ella le bufa el puturrú porque se ha enamorado del zarrapastroso.

A la chica la tocas y se enciende, como la luz del portal, y el pintamonas venga a darle al interruptor. Y quieren fugarse juntos pero sin trabajar, a vivir de la mamandurria y a comer de lo que cazan. Les va a durar el amor ese "forever anever" del que hablan dos meses, hasta el primer recibo de Iberdrola.

La banda sonora es muy buena porque mezclan las canciones más que los cubatas, y los decorados no los querrían ni las gitanas para decorar la fiesta de su santo.

Te la recomiendo si te gusta cantarlo y bailarlo todo o la gata Flora.

GÉNERO: QUÉ JUVENTUD ESTA
REPARTO: CHIQUINES DESARRAPADOS
DURACIÓN: UN POQUITO MENOS QUE "2001"

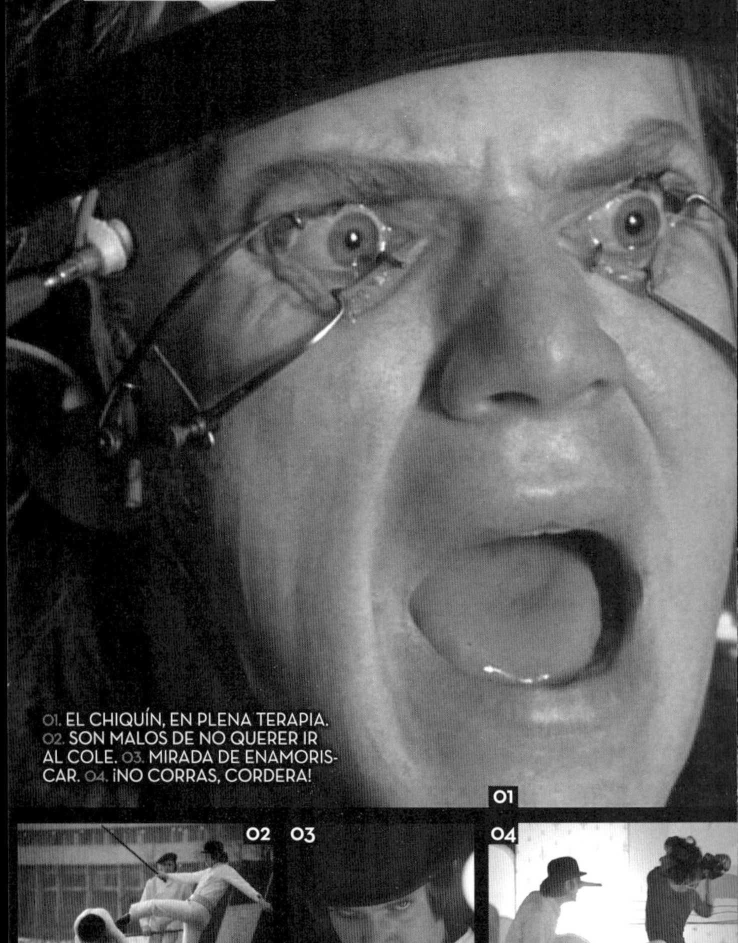

01. EL CHIQUÍN, EN PLENA TERAPIA. 02. SON MALOS DE NO QUERER IR AL COLE. 03. MIRADA DE ENAMORISCAR. 04. ¡NO CORRAS, CORDERA!

01

02

03

04

LA NARANJA DE ZUMO

BUENO, PUES HOY HE VISTO **LA NARANJA MECÁNICA** Y OS VOY A CONTAR UN POCO...

La película va de una banda de chiquines que van por la calle en pijama, con bombín, garrota, los ojos pintados y los calzoncillos por fuera, y no es un anuncio de Loewe. Además hablan raro como Ozores, en plan te videamos los grunfios si te arrandras la patula, y se pelean con otras bandas pero no como en West Side Story sino dándose de verdad. Es que de pequeños no les daban plátanos cuando hacían algo bien.

Los de la banda son de inteligencia distraída menos el jefe que es más espabilado pero se le hincha el yeyuno y te monta la kale borroka. Además no quiere ir al cole, por eso es una película tan polémica.

Entonces mata a una señora con un cipotón de porcelana y sus compinches le traicionan tirándole leche a la cara, que es lo que le da la calidad a la película. Cuando le meten en la cárcel los otros presidiarios le lanzan besos, así que ahí va a estar muy mimado.

En la cárcel le abren los ojos con unas pinzas y le ponen vídeos de cosas malas y de Wendy Sulca y le curan esos derrepentes que le dan. Ya le puedes glosar la cara a hostias o ponerle a una chiquina desnuda delante que nada, a él le dan arcadas.

La banda sonora es muy buena porque es el adagio Karajan en tecno rumba, y el maquillaje es muy bueno porque a la madre le cambia el color del tinte en cada escena.

Te la recomiendo si te gusta hablar raro como Ozores o que se te hinche el yeyuno.

GÉNERO: ACCIÓN QUE PARECE UN ACCIDENTE
REPARTO: FAMILIAS, COMO EN LOS SIMPSON
DURACIÓN: 1.509 MUERTOS

01. TODOS SABEMOS QUE LOS QUE TIENEN GATOS O PREDATORS COMO MASCOTA SON MALOS. 02. LA SANGRE DE CABALLO SALE FATAL DE LAS SÁBANAS DE SEDA. 03. ESTO ES MÁS QUE UN SUSTO. 04. HAMPA CHINO.

01

02

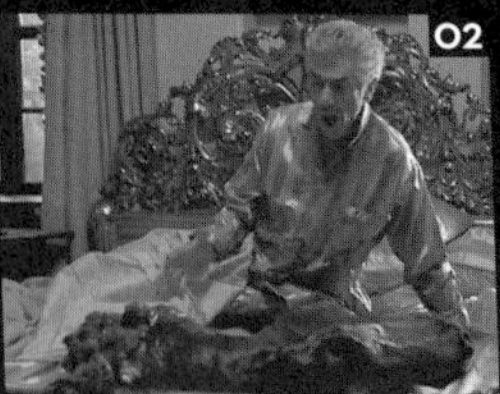

03

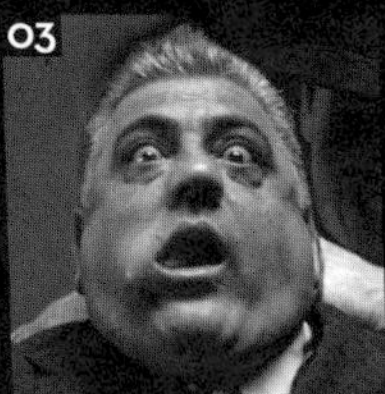

04

50 FUNERALES Y UNA BODA

BUENO, PUES HOY HE VISTO **EL PADRINO** Y OS VOY A CONTAR UN POCO...

La película va de un señor que le hace bola el filete y habla como el bostezo de un cantaor. Si hubiera nacido en México sería el Chavo del Ocho. Y también se rasca la barbilla con la mano al bies y pone la mandíbula en cacillo. Además se ve que es malo porque se sienta y acaricia un gato, y los buenos siempre tienen perro.

Los de su familia se dedican al negocio de los bingos y los simpas y te hacen ofertas que no puedes rechazar, como en la semana fantástica. Que además estos no se andan con chiquitas, no te etiquetan en las fotos en las que sales feo o te hacen un "unfollow" en Twitter, estos te disparan en la frutería o te dejan una cabeza de caballo en la cama, y esa mancha no sale.

Entonces montan la boda de la hija, decoradora de interiores ella, que es un despendole de yayas calabresas y gente dando palmas y ahí montan una cadena de favores pero a la siciliana, que no son favores de bájame a por tabaco y ya que bajas sube pan. El que quiere un favor va a ver al padrino, aguanta los manotazos en los mofletes y se va despacito y caminando de espaldas, no sea que le caiga otro sopapo en la cara.

Y como las familias italianas andan regañadas el hijo se va a Sicilia para que no le partan más dientes, que los que le quedan ya le bailan. Ha sacado la boca verja del padre, que es lo que le da la calidad a la película.

El casting es muy bueno porque como es una película de mafiosos han cogido a un actor que se llama Hampa chino, y la música está muy bien porque sale en un anuncio de pizzas de la mia mamma.

Te la recomiendo si te gustan los manotazos en los mofletes o te hace bola el filete.

GÉNERO: HOSTIAS LEGALES
REPARTO: CAIDITAS DE OJOS
DURACIÓN: 15 ASALTOS

01. DIOS LOS CRÍA Y ELLOS SE JUNTAN. 02. ¿ME HAS MIRAO MAL, CHULETÓN. 03. EL CUÑAAAO DE ROCKY. 04. SEIS METROS CUADRADOS DE OPONENTE.

01

02

03

04

RODRI BALBOA

BUENO, PUES HOY HE VISTO **ROCKY** Y OS VOY A CONTAR UN POCO...

La película va de un boxeador que lucha por mantener su ojo izquierdo abierto. El hombre lleva un gorro así de lado como la postal de un cachorro de mastín y no se calla en toda la película, habla hasta en las letras del final. Va por la calle dando el coñazo a la gente y no cierra la boca ni mientras lo están forrando a hostias.

Entonces conoce a una chiquina que es más sosa que una croqueta de tofu. Pero Rocky es romántico como arrastrar de los pelos y la enamora. La relación es muy bonita con él hablando todo el rato y ella manteniendo sus constantes vitales.

Y luego ya le cambia la suerte y le dicen "tú entrena que te hemos preparado un negro que te va a contar un chiste". El negro mide seis metros cuadrados, así que él se entrena pegando puñetazos a unos filetes y subiendo escaleras, como mi madre en gimnasia de mantenimiento.

Además le ayuda su cuñado, que bebe como un minero ucraniano y que es lo que le da la calidad a la película. También le regala chuletones pero le dice que son para que se los coma, no para que les pegue.

Los diálogos están muy bien porque son el Rocky hablando más que un cuentacuentos argentino, y el maquillaje son dos ojos moraos.

Te la recomiendo si te gusta dar puñetazos a un filete o que un negro de seis metros cuadrados te cuente un chiste.

GÉNERO: ESPAÑA PROFUNDA
REPARTO: GRANDES ACTORES Y MEJORES PÁJAROS
DURACIÓN: DESDE HACE SIGLOS

O1. YA NO LA REPETIMOS MÁS, ASÍ SE QUEDA. O2. ¡BUSCA, REX! O3. QUÉ BIEN SE ESTÁ CUANDO SE ESTÁ BIEN.

O1

O2

O3

LA FAMILIA TRAPISONDA

BUENO, PUES HOY HE VISTO **LOS SANTOS INOCENTES** Y OS VOY A CONTAR UN POCO...

La película va de una familia que vive en la época en la que España era Albania, y trabaja para unos señoritos que ahí sólo van a cazar y pegarse comilonas. Los señoritos se ve que son gente de bien porque no hablan en la mesa y comen pollo con almendras.

El cabeza de familia es el Paco, que intenta aproximaciones en la cama con la mujer, la Régula, que le dice que no, que quieto Paco, que las manos van al curasán. El Paco busca perdices como un perro trufero y tiene la casa que hay películas de dibujos animados con menos animales.

Y también está el cuñado, el Azarías, que va de mierda que las ratas encienden velas. Además se mea en las manos "pa que no me se agrieten" y cuenta las mazorcas de maíz así: diez, once, treinta y cinco... La sabiduría del campo. Es un espíritu del bosque, como una ninfa, por eso se caga donde siente que le asoma el topo, como si es en la puerta del cortijo. Y pájaro que coge, pájaro que es milana bonita, no tiene filtro.

El señorito los trata como morralla. Al Paco le dice qué pasa maricón, que nos vamos de caza maricón, arriba maricón. Todo maricón, todito. Y a la hija le dice que al cole no, que se vaya a hacerle las tareas a la señora que se está tocando la centolla y dice que no piensa levantar la patatona de la cama en todo el día. La marquesa por lo menos es más enrollada, que reparte monedas y les pregunta a los labriegos por su asco de vida.

El guión es muy bueno porque hay muchos flashdances de esos de contar el pasado, y el vestuario son boinas para todos menos para las mujeres, que se podían traer la ropa de casa e ir como quisieran.

Te la recomiendo si te gusta mearte en las manos "pa que no te se agrieten" o no levantar la patatona de la cama en todo el día.

GÉNERO: CATÁSTROFES MARÍTIMAS
REPARTO: DE PRIMERA Y DE TERCERA CLASE
DURACIÓN: TRES HORAS A RITMO DE YAYA

01. ¿ESTÁ FRÍA, LEO? 02. VERÁS COMO FRENE. 03. DE TANTO BAJAR A TERCERA CLASE AL FINAL PASA LO QUE PASA.

01

02

03

ESTA NOCHE, PLAN DE TABLA Y MANTITA

BUENO, PUES HOY HE VISTO **TITANIC** Y OS VOY A CONTAR UN POCO...

La película va de dos chiquines que van en un barco de nombre extranjero que es como el Marina D'Or, tiene hasta columpios. Ella está canina pero parece que es rica de no mirar los precios en el Zara, y él tampoco tiene dónde caerse muerto (bueno, en el mar sí).

El chiquín es muy gulusmero y hace "¡Uh, uh, uh!" y se sube a los mástiles a ver si hay cocos, y dice "¡Soy el rey del mundo!" y abre los brazos para que se le estrellen en la cara los cormoranes. Si le tiras un palo te lo trae. Entonces ella, que es muy infeliz porque el novio le elige los menús y se quiere morir, pues se enamora del saltimbanqui.

Él es el poeta de la mousse y le enseña a lanzar flemas y la pinta despatarrada. Todo finísimo como un potaje de yegua. Y se van a la zona de los pobres que es un desmadre, a bailar muñeiras y darse el piscolabis. Luego se asoman los dos por la proa y abren los brazos que como el Titanic pegue un frenazo acaban como Thelma y Louise, y que es lo que le da la calidad a la película.

Entonces el barco se va contra el único cacho de hielo que hay en todo el océano que dice el capitán "eso es un rasguño" pero no, que la chiquina para salvarse se sube a un madero que le dice él "echa p'allá, hazme un hueco" y ella le dice "no, que siempre te llevas toda la tabla". Es una escena muy emotiva cuando a él se le quedan los mocos como estalactitas y ella dice "quita, pobre" y le aparta despacito con un palo.

El guión es muy bueno porque la historia la cuenta una yaya pero dice que sin prisas, que te vas a esperar tus tres horas largas, y la banda sonora es una orquesta tocando mientras el barco se hunde, como la carrera de los actores.

Te la recomiendo si te gusta bailar muñeiras o no mirar los precios en el Zara.

GÉNERO: GUANTAZOS PREVIO POEMA
REPARTO: RUFIANES Y MALANDRINES
DURACIÓN: HASTA QUE LLEGA EL METRO

01. ESE PELAZO NO ES SUYO. 02. A LA CHIQUINA QUE LE AYUDA SE LE CAE EL PELO. 03. EL QUE MANEJA EL COTARRO. 04. DESTROZANDO PATRIMONIO NACIONAL.

01

02

03

04

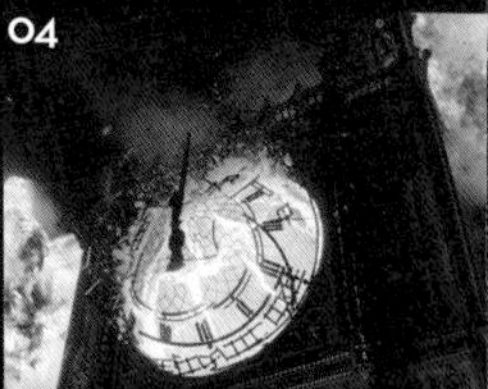

UFE DE FENDETA

BUENO, PUES HOY HE VISTO **V DE VENDETTA** Y OS VOY A CONTAR UN POCO...

La película va de uno que no se ha cambiado desde los carnavales de Venecia y anda por ahí volando el patrimonio histórico y dando palizas. Además lleva la peluca de Rafaella Carrá que le da mucha vistosidad cuando arrea guantazos a remanga, y antes de ponerte la cara bonita de hostias te recita un poema.

El hombre tiene la casa como el salón de Sara Montiel, tiene hasta el Lladró del perrito que se tapa el morro con la pata, y como no tiene amigos juega solo dando cachiporrazos a una armadura, que es lo que le da la calidad a la película.

Entonces conoce a una chiquina para pasarle el marrón mientras sigue haciendo el cafre. Hasta le rapa el pelo a la chica porque como él no tiene, pues ella tampoco.

Pelearse con él es como jugar a las tinieblas con una podadora, que mata a los malos sin dejar que se despidan. Además es chulo de estos que llegan y te dicen "ya estoy aquí, te quedan dos deseos", así que los combates empiezan con una bravata corintia como "te voy a dejar los dientes como un popurrí de frutos secos" y un parpadeo incrédulo de los enemigos. Luego la nevada de hostias.

El actor es muy bueno porque dice rufián y malandrín y pronuncia las uves como si fueran efes, como el niño con aparato de los goonies, que dice "¡Pero mamá, ef una fiefta!", y como lleva careta las babas rebotan y le dan a él.

Te la recomiendo si te gustan los Lladrós de perritos o matar tus enemigos sin dejar que se despidan.

ERÓTICAS

LAS MUJERES VAN DESNUDAS Y LOS HOMBRES VAN VESTIDOS, Y TODOS CORREN UNOS DETRÁS DE OTROS RIÉNDOSE Y DANDO GRITITOS. SI SALEN TODOS DESNUDOS NO ES GÉNERO ERÓTICO, ES CINE ESPAÑOL.

GÉNERO: ASESINATOS CON PICAHIELOS
REPARTO: UNA RUBIA MALA Y UN POLICÍA SALIDO
DURACIÓN: SE HACE LARGA CUANDO SOLO HABLAN

01. NO CIERRO LAS PIERNAS QUE SE ME SUBEN LAS MOSCAS A LA CARA. 02. MICHAEL, COMO SIEMPRE, HAMBRIENTO. 03. MIRADAS DE CALIDAD. 04. LAS GALLINAS DE LA TÍA SUSAN.

01

02

03

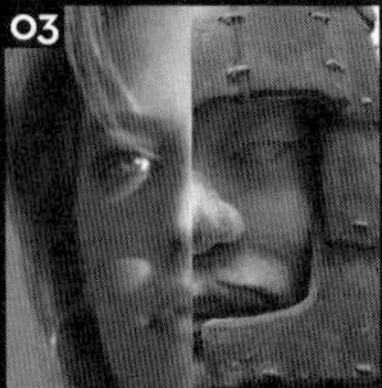

04

HOZANDO COMO COCHININES

BUENO, PUES HOY HE VISTO **INSTINTO BÁSICO** Y OS VOY A CONTAR UN POCO...

La película va de una chiquina que es escritora de follar y asesinar y se dedica mayormente a follar y asesinar, para documentarse. También fuma, y es de las que te piden tabaco y ella tiene, para hacerse una idea de la clase de persona que es.

Pero sobre todo le gusta que le den mandanga. Tú le pones la leche del desayuno templada y se la tira por el pecho. Ya se lo decía hasta su madre: Catherine, hija, eres más puta que las gallinas de la tía Susan, que aprendieron a nadar para follar con los patos.

Entonces la policía le interroga y ella cruza las piernas que los gatos dan palmas y gritan "¡Ole!" asomados por la ventana. Y uno de los agentes, que tiene más hambre que amor propio, se enamora de ella y ahí se lían los dos a darle donde les pille, que la muchacha tiene el techo del coche lleno de taconazos.

Y la prota está liada también con una rubia que mira al policía como un chino cuando buscas algo en su tienda, y que es lo que le da la calidad a la película.

Las actuaciones son muy buenas porque cuando uno habla los demás miran de lado y suena un violín porque es una película de mucho suspense, y el guión está muy bien porque a nadie se le ocurre comprar el hielo hecho cubitos, que ya lo venden así para los botellones.

Te la recomiendo si te gusta tirarte la leche templada por el pecho o pedir tabaco cuando tú tienes.

GÉNERO: PEZONERO
REPARTO: BAILARINAS GUARRINDONGAS
DURACIÓN: INSUFRIBLE CUANDO NO HAY TETAS

01. NO CHUPES ESO QUE TE VA A DAR UN DENGUE. 02. SIN TETAS NO HAY PARABRISAS. 03. SI JUNTAS CACHETE CON CACHETE. 04. HOLGADITA LA NIÑA.

01

02

03

04

A TOCATETA

BUENO, PUES HOY HE VISTO **SHOWGIRLS** Y OS VOY A CONTAR UN POCO...

La película va mayormente de ver tetas. La prota es una chiquina rubia que de cuerpo la verdad está muy bien, pero de cara es un mocho con cejas. Y está siempre enfadada y baila como si estuviera pisando petardos.

Entonces la muchacha se va a Las Vegas y conoce a una chiquina negra que lleva el pelo como la cortina de bolas de una puerta, y se pone a trabajar bailando en un bar en el que hay más tetas que vasos de tubo. Bueno, ahí más que bailar sube y baja por una barra de hierro pero no como un bombero, vamos, que la barra hay que frotarla cada noche con sulfumán.

Y luego ya se va a bailar a un casino con otras chiquinas que bailan como pollos descabezaos y que hacen nada más que bailes guarrindongos. Se frotan entre ellas más que los muslos de un niño gordito. Y para pedir un ascenso tienes que empujar a tu compañera por las escaleras y escalabrarla. Lo que es el choubisnes, básicamente.

También está el jefe del casino que le da hielo para que se ponga los pezones on the rocks, y que es lo que le da la calidad a la película.

El guion está muy bien porque es un montón de excusas para ver tetas, y el vestuario es una goma para el pelo.

Te la recomiendo si te gustan los pezones on the rocks o escalabrar a tus compañeros de trabajo.

FANTÁSTICAS

BARULLO DE MAGOS, UNICORNIOS, GUERREROS, ELFOS, ORCOS, GENTE FEA, CANADIENSES... TODO INVENTADO. SI LOS MONSTRUOS SON BAJITOS, GORDOS, CALVOS, FEOS Y LLEVAN UN PALILLO ENTRE LOS DIENTES NO ES GÉNERO FANTÁSTICO, ES CINE ESPAÑOL.

GÉNERO: HOSTIAS DESPACITO
REPARTO: CHIQUINES DEL PACHÁ IBIZA
DURACIÓN: PASO, QUE VOY ARDIENDO

01. LA SEÑORA CALVA DEL TOTO MORENO TIENE UN CARÁCTER... 02. HAY DOS VECES MÁS TETAS QUE ESPARTANOS. 03. ¡TODOS AL BARRANCO! 04. POR DESPEÑAPERROS EN SEMANA SANTA NO PASAN NI LOS PERSAS NI LOS GRIEGOS NI LOS BORREGOS HISPANOS.

01

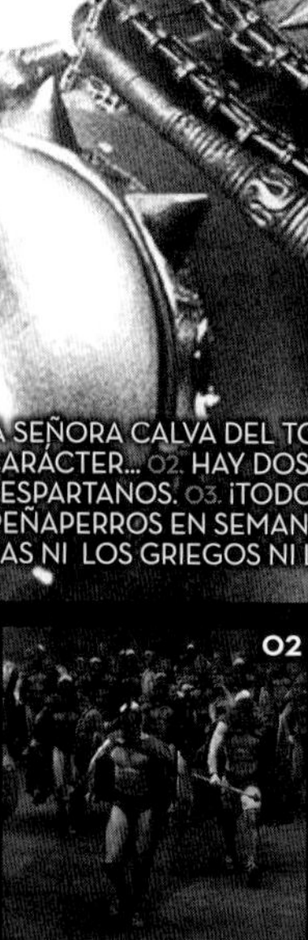

02

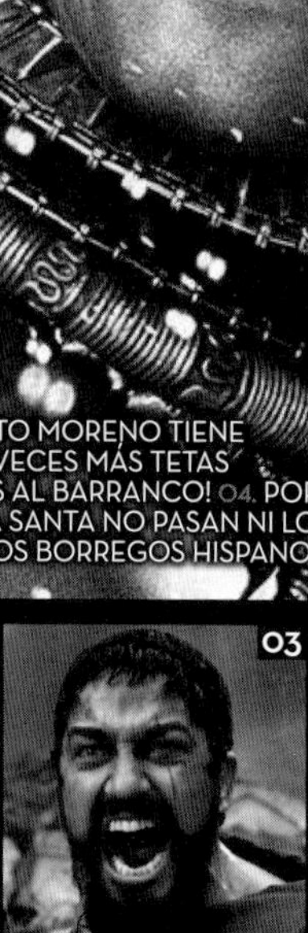

03

04

TOTO DE PERSIA

BUENO, PUES HOY HE VISTO 300 Y OS VOY A CONTAR UN POCO...

La película va de una señora calva que le va la bisutería cosa mala y que dice que por su toto moreno que ella pasa por Despeñaperros. Entonces hay unos lugareños con tetas (que son espartanos, como las zapatillas) que le dicen que no hay huevos. Y claro, pa qué más... La señora calva empieza que no sabéis con quién estáis hablando, que yo ahí en mi barrio soy la que corta el bacalao, que como vaya y te encuentre no vas a tener Grecia pa correr... Que claro, la señora se enfada con razón porque le toca dar un rodeo que ve que no llega.

Los actores son muy buenos porque actúan muy despacito, como a cámara lenta, para que nos enteremos bien de las guantás, y cada vez que el jefe se pone chulo ellos aúllan. Eso es lo que le da la calidad a la película.

La película está rodada en un descampado que tiene un barranco que es por donde los señores con tetas lo tiran todo: elefantes, gente asustada, rinocerontes... Bicho que asoma, bicho que se va por el barranco.

El vestuario son 300 calzoncillos y la banda sonora es la misma que han usado en "Sin City" pero cambiando las canciones de orden.

Te la recomiendo si te gustan las tetas y la gente que se mueve despacito.

GÉNERO: SUPERHÉROES SIN PODERES
REPARTO: LAS CHIRIGOTHAMS
DURACIÓN: HASTA LAS LETRAS DEL FINAL

01. Y ENCIMA LES PAGARON. 02. ¿TÚ ERES BATMAN? ¿Y TÚ ERES RUBIA NATURAL, GUAPA? 03. EL ÚLTIMO JOKER SE MAQUILLA CON LA ESCOPETA DE HOMER. 04. GANDALF SE COMPRÓ SU BATAMANTA EN GOTHAM.

01

02

03

04

TODO SE LLAMA BATALGO

BUENO, PUES HOY HE VISTO **BATMAN** Y OS VOY A CONTAR UN POCO...

La película va de uno que le matan a sus padres y entonces dice: pues ahora voy a luchar contra el crimen vestido de neopreno y con orejitas de conejo. Y luego está el malo que dice: pues yo voy a sembrar el pánico vestido de Elton John y con los labios pintados como la gremlin travesti.

El protagonista de normal es un hombre así elegante, audaz, con viruta... Un señor. Y cuando se pone los cueros, los rellenos y las orejas de conejito se hace llamar Batman y todas sus cosas se llaman batalgo: la batcueva, el batcuchillo, la baticao, la batamanta...

Para llamar a Batman usan un foco muy grande que proyecta en el cielo los recados: "Gotham está en peligro", "la ciudad te necesita", "trae pan". Y entonces él coge el batmóvil, que tú ves que así como conduce no le van a renovar el carné, y se lía a batacazos.

Luego está el mayordomo que es el que se encarga de decirle a Batman que deje de hacer el gilipollas, y que es lo que le da la calidad a la película. Y una rubia que nada más que está ahí para que el malo la rapte y vaya el Batman a salvarla y le tiendan una trampa y se monte el batiburrillo.

Los decorados son una ciudad con las farolas apagadas y el vestuario es mitad de La Mansión del Sadomaso y mitad de Ágatha Ruiz de la Prada.

Te la recomiendo si te gustan las orejas de conejito o la batamanta.

GÉNERO: CAPITANES ENTALLADOS
REPARTO: BUENOS TONTOS Y MALOS EN CUEROS
DURACIÓN: MUCHOS FLASHDANCES DE ESOS

01. EL HÉROE, VESTIDO DE DOLLY PARTON. 02. SI SE HAN GASTADO UNA PASTA EN ESTEROIDES, HABRÁ QUE MOSTRAR LOS RESULTADOS, ¿NO? 03. LOS MALOS VAN VESTIDOS DE CUERO, COMO DIOS MANDA.

01

02

03

VUELVE CON TU ESCUDO O SOBRE ÉL

BUENO, PUES HOY HE VISTO **CAPITÁN AMÉRICA** Y OS VOY A CONTAR UN POCO...

La película va de un chiquín rubio que es como Cristobalito Gazmoño y se intenta alistar en el ejército pero no le dejan porque da ascopena verle. Entonces los del ejército le inyectan asteroides de esos de los gimnasios y se pone cachas. Y luego le visten de Dolly Parton, le dan un escudo y lo mandan a la teletienda.

Los malos son unos nazis que entre ellos hablan en español con acento alemán y dicen "cogonel" y "genegal". Y su jefe es Kevin Bacon que se ha quedado dormido tomando el sol.

El Capitán América (le llaman así porque Coronel Tapioca estaba cogido) acaba él solo con la Segunda Guerra Mundial repartiendo hostias a rodabrazo y tirando un escudo que luego le vuelve a la mano, que se lo han tenido que retocar y hacérselo redondo para que no se la ampute, porque sin manos peleaba como un canguro. Y después se queda dormido 70 años porque tenía sueño atrasado.

Al final del todo sale un negro muy serio con la voz muy grave y un parche en el ojo que es lo que le da la calidad a la película. Y una chica que no puede faltar para que el protagonista no se toque él solo. Que la chica ve al Capitán América y dice "este desnudo debe ser como un parque temático, no sabría dónde montarme primero".

El vestuario es de algodón para los buenos y de cuero para los malos, como en cualquier orgía, y la banda sonora al menos no molesta.

Te la recomiendo si te gusta hablar en español con acento alemán o quedarte dormido tomando el sol

GÉNERO: FANTASÍA DE GUANTAZOS
REPARTO: DE HOSTIAS, CONTINUAMENTE
DURACIÓN: YA SE HACÍA LARGA CON JORGE SANZ...

01. ¡QUÉ HA PASADO! 02. LAS TRES MARÍAS: LA CACA, LA MIERDA Y LA PORQUERÍA. 03. LLÁMAME SUSANA. 04. ESTE NO ES CONAN, ES UNA IMITACIÓN.

01

02

03

04

CONAN EL REPARTIDOR

BUENO, PUES HOY HE VISTO CONAN EL BÁRBARO Y OS VOY A CONTAR UN POCO...

La película va de un chiquín que le matan a la familia, que es algo que no había pasado nunca en el cine. Y entonces decide vengarse, que es otra cosa que tampoco había pasado.

El muchacho se llama Conan, y lo de "bárbaro" se lo puso un argentino (se podía haber llamado Conan el chévere). De pequeño era muy cuqui pero de inteligencia ya se veía que le daba justito para un CCC de guitarra. Así que ahí está el chiquín a sus cosas, mirándose un ojo con el otro, y de repente crece 20 años que parece un gormiti de tierra. Es feo que ni los monos le cogen las pipas.

También es cinturón negro de hostia libre y se gana la vida robando y despachurrando lugareños. Él va por ahí cabalgando a teta brisa y donde le gruñe la neurona aparca y monta la consulta. Conan es así, a las putas las arropa y a los camellos los da puñetazos, es un humanista. Y luego conoce a dos chinos y una rubia y ya por fin se va a vengar de los malos, que son un grupo de black metal y el jefe es como la prima gorda de Naomi Campbell.

Además hay uno que habla todo el rato y no se le ve, que si pone la voz más grave le va a dar una afasia, y que es lo que le da la calidad a la película.

El vestuario está muy bien porque el Conan se va poniendo encima toda la mierda que se encuentra por el suelo, que sólo le falta un carrito de supermercado, y las actuaciones son muy buenas porque Conan ganó el óscar al mejor actor de reparto (de hostias).

Te la recomiendo si te gusta dar puñetazos a los camellos o despachurrar lugareños.

GÉNERO: ESTILISMO Y TENDENCIAS
REPARTO: EL DIP ESE QUE SALE EN TODAS
DURACIÓN: LO QUE TARDA WINONA EN TEÑIRSE

01. LAS MARUJAS SE PONEN CACHONDILLAS CON EDU. 02. ESTÁ CLARO QUE A WINONA LE GUSTAN RARITOS. 03. EL CHIQUÍN TE DEJA EL JARDÍN HECHO DISNEYLANDIA. 04. DEBERÍA DEJARSE DE CORTAR PELOS AJENOS Y EMPEZAR POR EL SUYO.

01

02

03

04

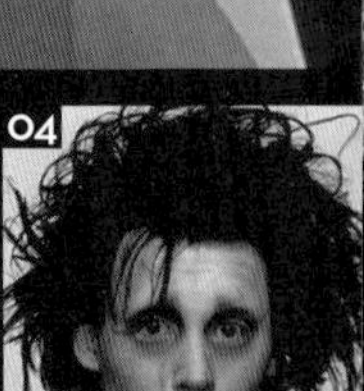

LOBEZNO: DECADENCIA

BUENO, PUES HOY HE VISTO EDUARDO MANOSTIJERAS Y OS VOY A CONTAR UN POCO...

La película va de una señora que va vendiendo potingues por las casas como el pintalabios güinsou guajini o el bajinini plis. Nadie le compra esas mierdas, claro. Y llega a una mansión y se encuentra al primo lerdo de Lobezno y se lo lleva a casa.

El Eduardo va vestido de Gi-Joe y se queda muy quieto mirando con el gesto de un perro haciendo caca. Es un primor de criatura. Además en vez de manos tiene tijeras porque el señor mayor que lo creó le enseñó física cuántica y vietnamita monosilábico pero no tuvo tiempo de ponerle manos. Que en vez de cuchillas le podía haber puesto corchos y no hacer la gracia.

Entonces les corta el pelo a las marujas del barrio y a sus perros y les arregla los abetos, que ellas se ponen cachondillas que parece que en vez de tijeras tiene racimos de pollas. Bueno, una de las marujas es que se pone cachonda hasta con la alarma del microondas, que es lo que le da la calidad a la película. Y también corta lechuga y hace pinchos de verduras. Es como una termomix. Ya se podía cortar él también el pelo porque lo lleva como el sobaco de un bombero.

Y luego se enamora de la hija de la vendedora de potingues pero no la puede meter mano porque le deja la cara a la chica como un canapé de chistorra. Un polvo con el chiquín este debe ser como una batalla vikinga.

El maquillaje es muy bueno porque todas las actrices van hechas unas mamarrachas con los cortes de pelo que les hace el Eduardo, y los efectos especiales son uno escondido lanzando pelo de perro hacia arriba. Fue una innovación eso.

Te la recomiendo si te gusta hacer pinchos de verduras o el sobaco de un bombero.

GÉNERO: POLVOS MEDIEVALES
REPARTO: CABALLEROS Y REYES CORNUDOS
DURACIÓN: DESDE QUE LA METE HASTA QUE LA SACA

01. ENTERA NO CABE. 02. LANCELOT SE TIRA A LA MUJER DEL REY. 03. EL CALVO QUE LA LÍA. 04. ESA ARMADURA TE HACE TETAS.

01

02

03

04

AHORA VAS Y LA SACAS

BUENO, PUES HOY HE VISTO **EXCALIBUR** Y OS VOY A CONTAR UN POCO...

La película va de un país imaginario que se llama Inglaterra y que es un país muy feliz hasta que llega el rey, se tira a la mujer del duque y le dice "te la voy a clavar tan fuerte que quien te la saque será rey de Inglaterra". Y ahí ya la hemos liado. Además se la estruja con la armadura puesta, con lo frío que está eso y lo que raspa.

Entonces años después, cuando todo vuelve a estar tranquilo, llega el caballero Lancelot, se tira a la mujer del rey y fiesta otra vez. Pero bueno, el rey le perdona, todos tan amigos y cuando está todo apañado llega la hermana del rey y se lo tira a él, y otra vez tenemos la romería organizada. Y ahora ponte tú a buscar el santo grial...

El que la lía todo el rato es un mago calvo que no se sabe estar quieto y que va provocando peleas y escabulléndose como una comadreja. Éste anda siempre con la Morgana, que es culo veo, culo quiero, y que le dice que le enseñe el conjuro de la creación pero que no se lo invente.

La banda sonora es una que han hecho luego una versión bakalao, y el vestuario son las mismas armaduras para todos, que en las batallas pegan al que va viniendo porque no se distinguen, el único que queda vivo es el que gana la guerra. El hijo del rey lleva su propia armadura de travesti, ese no cuenta.

Te la recomiendo si te gustan los países imaginarios como Inglaterra o las armaduras de travesti.

GÉNERO: INCLASIFICABLE
REPARTO: CACHAS Y ALISADOS JAPONESES
DURACIÓN: UN CERRAR DE OJOS

01. LA INCLUSIÓN DE ESTA FRIKADA EN EL LIBRO FUE UN CAPRICHO DE DIVA DE OPERETA DEL AUTOR; LA MÚSICA, AL MENOS, ES DE QUEEN. 02. MUCHA CEJA Y MUCHO PELAZO EN ESTA PELÍCULA. 03. MAX, TÚ ANTES HACÍAS BUENOS PAPELES. 04. LA NOVIA SE MAQUILLA PEOR QUE FLASH.

01

02

03

04

FLASH EL QUE NO CORRE DEPRISA

BUENO, PUES HOY HE VISTO **FLASH GORDON** Y OS VOY A CONTAR UN POCO...

La película va de un chiquín rubio que está ahí con la novia a ver cuál de los dos va mejor maquillado y de repente la Tierra sufre un ataque sin precedentes desde el espacio, a pedradas. Entonces se montan en un cohete que no puedes dejar de pisar el embrague porque se cala y se van al planeta Alfa Travesti con un científico que va de enterao, es como un español con un cubata en la mano, todo lo sabe.

Luego llegan al planeta y les apresan unos samuráis con armaduras de golfi y les llevan ante el jefe del universo, que es un chino de Cáceres con las cejas como dos cintas de lomo. Y ahí empiezan a llegar unos vegetarianos con mallas, unos negros forrados de chatarra, unos con alas vestidos de cuero, que aquello es la gala Dragqueen de Maspalomas, y se ponen a pelear que a su lado los Power Rangers son los Vengadores.

La novia está todo el rato desmayándose, gimiendo y viendo como al Flash Gordon le rumian la breva, y la hija del chino mientras tanto dando morreos y metiendo mano al que se le cruza en el campo de visión, que es lo que le da la calidad a la película. Todos los personajes son muy profundos, como Doraemon.

Los efectos especiales son muy buenos porque siempre hay mucho viento para que le luzca el alisado japonés a Flash, y la banda sonora está muy bien porque es "Flash, aaaaah, pum pum pum pum pum... Flash, aaaaah" y así en bucle.

Te la recomiendo si te gusta el golfi o lucir alisado japonés.

GÉNERO: BICHITOS CABRONCETES
REPARTO: FAUNA DE DISCOTECA
DURACIÓN: HASTA LAS 12 DE LA NOCHE

01. EL AUTOR DE ESTE LIBRO EXIGIÓ POR CONTRATO QUE APARECIERA EL GREMLIN TRAVESTI. 02. LAS GAFAS QUE DAN CALIDAD A ESTOS BICHITOS. 03. ESTE PELO QUÉ BIEN CUECE. 04. MIRA QUE ES MALO CENAR TAN TARDE.

01

02

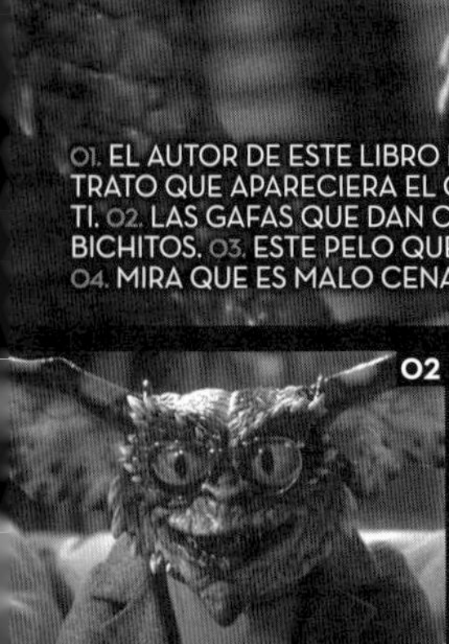

03

04

HOY SALIMOS, PERO VOLVEMOS PRONTITO

BUENO, PUES HOY HE VISTO **GREMLINS** Y OS VOY A CONTAR UN POCO...

La película va de lo que pasa cuando sales de fiesta una noche, ligas y te llevas el ligue a casa, y a la mañana siguiente el ligue se ducha, desayuna, le ves a la luz del día y tú dices "pero qué coño..." Y eso que un chino con los pelos como tallarines te dijo: ¡no le des de comer después de las 12, no le mojes, que no le dé la luz del sol!

Luego hay un bichito muy mono, que es para comérselo, con las orejas muy grandes y que nada más que puede quedarse boca arriba y parpadear porque no tiene piernas. Y un muchacho moreno que es el tonto de la oficina y su novia que está con él por pena.

Gremlins de esos hay un montón como en cualquier discoteca: el que va de chungo, el bizco, el lerdo, la travesti, el que mueve los labios haciendo que canta aunque no se sepa la letra, el que toca una guitarra imaginaria... Que local que visitan, local que dejan como el parking de la Radikal.

Y también hay un gremlin con gafas y muy serio, con la voz muy grave, que es lo que le da la calidad a la película. Tú ves al Gizmo que es una ricura de mono y de blandito, que se te van las manos a achucharlo y a pellizcarle la barriguita, y no entiendes cómo algo tan adorable se puede convertir en una cosa así de fea y so cabrona. Hasta que te casas y ya lo entiendes.

Vestuario no hay porque los gremlins van en pelota picá, y la banda sonora dan ganas de ponerse a corretear por todas partes haciendo putadas y riéndose como un enano.

Te la recomiendo si te gustan los pelos como tallarines o los bichitos sin piernas.

GÉNERO: ACOSO ESCOLAR
REPARTO: MAGOS Y MAGELS
DURACIÓN: DEBE IR YA POR LA UNDÉCIMA...

01. HARRY JUGANDO A ESO CON NOMBRE DE ESTORNUDO. 02. EL FALTO DE HIPOTÁLAMO, EL GAFAS Y LA REPIPI. 03. DRACO MALFOYAO. 04. AÑO 2055: HARRY EL SUCIO SIGUE JUGANDO A LOS MAGOS.

01

02

03

04

HARRY EL SUCIO

BUENO, PUES HOY HE VISTO HARRY POTTER Y LA PIEDRA FILOSOFAL Y OS VOY A CONTAR UN POCO...

La película va de un chiquín que es como Manolito Gafotas pero en inglés, si esa gracia nuestra para delinquir, que le mandan a una escuela de magos porque en un colegio público se lo comen, que ahí ni "refollemus", ni "aloja a la mora", ni "eres un niño muy especial porque llevas gafas y el Zorro te ha firmado la frente". De ahí sales con la varita metida en el chacra del yogui tuerto.

El niño vive con sus tíos que lo tienen esclavizado y con un primo que es para administrarle dos pedagógicas hostias, o quince. Entonces le va a buscar el gordo de Perdidos, que por lo visto es el conserje del colegio, y le dice que tire pa Howarts que le van a enseñar pociones y a usar la escoba. Vamos, que no sale de chacha.

El director de la escuela, que es Fumanchú, le manda a la hermandad de la chusma y los patanes, donde se hace amigo de un pelirrojo que no tiene hipotálamo pero tiene una rata y de una niña repipi y empollona que es la única que no se atraganta con sus propios mocos. Y se echa un enemigo que es Draco Malfoyao. La verdad es ahí no hay niño que no apetezca reeducar, que es lo que le da la calidad a la película. Va el niño de porquería y de guantazos que le llaman Harry el sucio.

Y luego hay un trol en los baños, un perro con tres cabezas, centauros, dragones, el malo que cena unicornios y vive en el cogote de un tartamudo con turbante, Dartacán, los marismeños y cunfú panda.

Los efectos especiales son muy buenos porque a los niños les dan un palo y les enseñan muchos sortilegios como el bigardum leprosa, chichimini, oculus remiendo, petrificus magnificus, echaparriba y cagandum hostias. Y defensa contra las artes oscuras como "rebota, rebota y en tu culo explota".

Te la recomiendo si te gusta Harry el sucio o administrar dos pedagógicas hostias.

GÉNERO: DEMONIOS BUENOS
REPARTO: HELLBOY ES EL MENOS FRIQUI
DURACIÓN: LO QUE LE CRECEN LOS CUERNOS

01. "PENITENCIÁGATE". 02. PESCAO FRESCO. 03. LA CHICA ESTÁ QUE ARDE. 04. LA PRIMA DE HELLBOY.

01

02
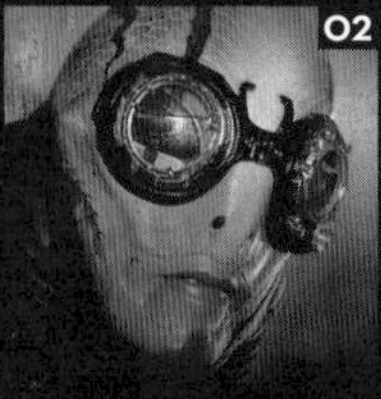

03

04

DE MOÑO ROJO

BUENO, PUES HOY HE VISTO **HELLBOY** Y OS VOY A CONTAR UN POCO...

La película va de un demonio con tetas que está rojo de la mala angustia que tiene. El demonio lucha contra el mal con un compañero que es una merluza con mallas y una chiquina que cuando se pone nerviosa se flambea como un carajillo.

Entonces el equipo este se pasa la peli repartiendo forraje y advertencias a razón de cinco hostias por consejo. Y entrando en los sitios por las paredes aunque esté la puerta al lado. Es que el protagonista es muy bruto y tiene un brazo enorme y el otro pequeño, como Falete. Además se lima los cuernos para pasar desapercibido, igual que Supermán cuando se pone las gafas, que no hay quien lo reconozca.

Los malos son rusos porque en esta película los nazis descansan, y unos demonios con peinado jamaicano.

También hay un señor mayor con el pelo como un pollo en un ventilador que se pasa la película diciendo que se está muriendo y al final no se muere, lo matan, que es lo que le da la calidad a la película.

El guión está muy bien porque lo mismo salvan un gato que se lo comen, y el doblaje es muy bueno porque los malos tienen el mismo acento que yo cuando voy borracho e intento pedir un kebab.

Te la recomiendo si te gustan los demonios con peinados jamaicanos o las merluzas con mallas.

GÉNERO: ESPADAZOS EN APARCAMIENTOS
REPARTO: AL FINAL SOLO PUEDE QUEDAR UNO
DURACIÓN: 500 AÑOS... Y SIGUE BIZCO

01. Y 02. AL MENOS SE HA CORTADO LAS PUNTAS. 03. A ESTA NO LA SUELTES QUE ESTÁ LA COSA MUY MALA. 04. SU MAESTRO MACARENA.

01

02

03

04

QUE NO QUEDE NI UNO

BUENO, PUES HOY HE VISTO **LOS INMORTALES** Y OS VOY A CONTAR UN POCO...

La película va de un escocés de mirada felina que participa en el concurso "Sólo puede quedar uno". Con decir que él va ganando ya se puede imaginar uno cómo son los demás.

En Escocia tiene gallinas y una novia que es un troll de retrovisor, y conoce a una travesti española que le entrena tirándole palos, correteando por la playa y dándose baños. Y también le cuenta que los inmortales no tienen pilila.

Entonces como es inmortal las novias le caducan y por eso está solo, lleno mierda y lanza esas miradas astutas y cautivadoras que si te alcanzan te pueden matar de amor o de pánico, según el ojo que te toque. Cuando se pone pizpireto y pestañea puede vencer a un ejército. Del asco, pero vence.

Debido a su audacia, a veces se queda muy quieto y mirando fijamente como una zarigüeya bizca, que es lo que le da la calidad a la película. Tiene ese gesto de chivo que chupa tamarindo, sobre todo mirando de lado, que es su pose buena, y a veces puede hablar sin que se le caiga la baba. Lo del pelo de somormujo es por los relámpagos que le caen encima cada vez que gana una pelea, que dicen los científicos que cada 15 minutos le cae un rayo encima a un hombre y debe ser él.

Los duelos son muy buenos porque son como dos borrachos pidiendo un taxi, y el malo está muy bien porque es figurante de un videoclip de Bananarama.

Te la recomiendo si te gustan las zarigüeyas bizcas o los trolls de retrovisor.

GÉNERO: PROGRAMAS RARITOS
REPARTO: FRIKIS EN CUEROS
DURACIÓN: LO QUE TARDA EN REINICIAR

01. NEOX, ESAS GAFAS SON DE MI MADRE (VERÍDICO). 02. TRINIIIII, BAJAAAAA. 03. MONICA BELLUCCI NO SALE, PERO ME GUSTA. 04. UN GUIÓN PROFUNDO Y METAFÍSICO COMO LAS FRASES DE PAULO COELHO.

01

02

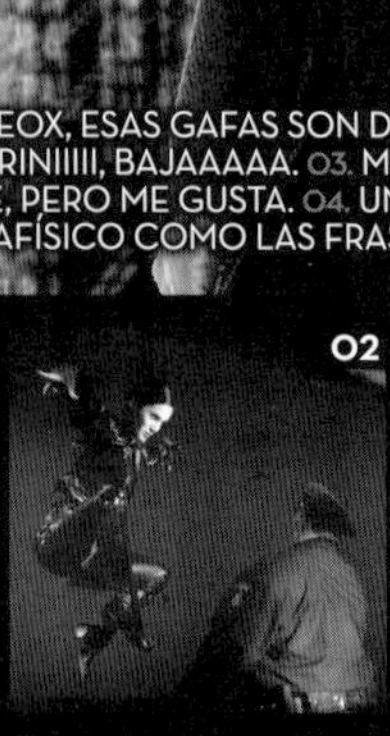

03

04

CTRL+ALT+SUPR

BUENO, PUES HOY HE VISTO **MATRIX** Y OS VOY A CONTAR UN POCO...

La película va de un friqui que entra en una banda que van todos de cuero. En la banda están la Trini, el Muyfeo (More feo en inglés) que le llaman así porque tiene la cara como una esponja para los callos, el tuercas, el bujías, los romeros de la puebla... Los de la banda van de místicos y hablan con acertijos para no entenderse entre ellos.

Entonces un día le mandan un chat y otro día un móvil Nokia de concha y le dan a elegir entre dos chuches, la azul o la roja, y ya le meten en la pandilla. El que habla siempre es el Muyfeo, que es el más pesado, que le dice "verás Neox, yo soy de la opinión de que la praxis yuxtapuesta tendencial se versatiliza cuando divergen ciertos ánodos extrapolados", y el Neox se queda con cara de somormujo y le pregunta que qué tal.

Allí le enseñan cunfú, a saltar azoteas, a quedarse quieto en el aire como una grulla tailandesa, a esquivar las balas bailando el Limbo... Y le llevan a ver a una señora que hace galletas y que le dice que no vale nada, que si él es el elegido ella es Tina Turner.

Los malos son muy malos porque son programas de ordenador, como el Powerpoint, y la banda de Neox es más de apagar Internet y quedar en persona.

La iluminación está muy bien porque se ve todo verde, y el guión es muy bueno porque es muy profundo y metafísico, como una frase de Paulo Coelho, que es lo que le da la calidad a la película.

Te la recomiendo si te gusta bailar el Limbo o apagar Internet y quedar en persona.

GÉNERO: DERROCAR MONARQUÍAS
REPARTO: MÁS NIÑOS QUE MAYORES
DURACIÓN: LO QUE TARDAN EN MAQUILLARSE

01. A TILDA SWINTON NO LE HACE FALTA MAQUILLAJE PARA DAR MIEDO. 02. LA CABRA VA DESNUDA PERO SE TAPA EL CUELLO. 03. NIÑOS Y ARMARIOS, COMBINACIÓN LETAL. 04. EN NARNIA HABLAN HASTA LOS LEONES.

01

02

03

04

SALIR DEL ARMARIO

BUENO, PUES HOY HE VISTO **LAS CRÓNICAS DE NARNIA** Y OS VOY A CONTAR UN POCO...

La película va de cuatro chiquines hermanos que se meten en un armario y salen por Narnia, que es un mundo mágico que va desde la farola hasta donde señala mi dedo.

La hermana pequeña, que es un revolillo canijo, va de avanzadilla y conoce a una cabra con paraguas que dice que es un fauno pero es una cabra. Que la niña es tan maja que la cabra no la rapta ni le da una coz en los dientes ni nada. Y luego llegan los hermanos y como Narnia está nevada se tiran unos bolazos de nieve de hacerse brechas.

También hay una reina con el pelo que le cruje de mierda y un hielo en la cabeza que es muy malvada y va congelando animales como el Capitán Iglo. Anda la mujer hecha una corajina calabresa porque hay una profecía que dice que le derrotarán cuatro niños con cabras, nutrias y un león con el pelo más bonito que ella.

Entonces Papá Noel da armas a los niños y se van a luchar contra la mala, que tiene un ejército de toros, orcos, cerdos y eurodiputados. Está todo el zoo en la pelea, que es lo que le da la calidad a la película. Pero bueno, mientras los niños están ahí matando animales y derrocando monarquías no se están endrogando en el parque.

El guión es de mucha intriga porque uno de los cuatro hermanos es un traidor y un boca-rampa y hay que adivinar cuál, el so mierda moreno o los otros, y el maquillaje es muy bueno porque han cogido a una cabra, le han depilado los pezones y le han dado una flauta. Una cosa loca.

Te la recomiendo si te gusta salir del armario o hacerte brechas a bolazos de nieve.

GÉNERO: PATRÁS Y PALANTE
REPARTO: EL PUNTO Y LA I
DURACIÓN: NO DISTINGUES PASADOS DE PRESENTES

01. DOC TIENE EL PELO ASÍ ANTES INCLUSO DE QUE LE PARTA UN RAYO. 02. EL SEAT CALAHORRA. 03. NADA MÁS ERÓTICO QUE TU MADRE SE ENAMORE DE TI EN EL PASADO. 04. VAN TODOS VESTIDOS COMO LOS BOM BOM CHIP.

01

02

03

04

VIAJE EN EL TIEMPO A VERTIGINOSOS 140 POR HORA

BUENO, PUES HOY HE VISTO **REGRESO AL FUTURO** Y OS VOY A CONTAR UN POCO...

La película va de un chiquín que viaja en el tiempo con el coche teledirigido de un señor mayor que tiene el pelo como la raíz de una cebolleta. El chico es un poco falto y lleva los pantalones tan apretados que si se agacha se le suben los cacahuetes a la espalda. Otro caso de protagonista adolescente al que todo el barrio quiere dar una paliza.

Además tiene una familia que es un cromo: el padre tonto, el hermano aún más tonto, la hermana un adefesio y la madre que está todo el día bebiendo y va como Massiel de acampada en La Rioja. Y el científico que le llaman Doc pero que le puedes llamar Susana, que le da igual. No está bien.

Entonces el muchacho viaja al pasado, conoce a sus padres, la madre se enamora de él, y el resto de la película ya es incesto, palizas y destrucción de mobiliario urbano.

Y luego está el matón de su instituto y sus amigos que se meten con unos negros que cantan y los negros les persiguen y es muy gracioso, y que es lo que le da la calidad a la película.

Los efectos especiales son un coche que alcanza la imprudente velocidad de 140 kms/h y el vestuario está muy bien porque van todos vestidos como los Bom Bom Chip.

Te la recomiendo si te gustan las cebolletas o que te persigan unos negros que cantan.

GÉNERO: ROAD MOVIES
REPARTO: ¿POR DÓNDE EMPEZAMOS?
DURACIÓN: TERMINAS EL LIBRO ANTES

01. LA QUE LÍAN POR DEVOLVER UN PUTO ANILLO. 02. MOCEDADES. 03. MISS ELFA 2020 A.C.

01

02

03

COMPRO ORO

BUENO, PUES HOY HE VISTO EL SEÑOR DE LOS ANILLOS: LA COMUNIDAD DEL ANILLO Y OS VOY A CONTAR UN POCO...

La película va de uno que es el gran Sauron, señor oscuro de Mordor, Sauron el poderoso, que en una pelea le cortan un dedo y se desmaya. Entonces le quitan su anillo un elfo medio calvo que dice que el anillo hay que tirarlo, que es pan para hoy y hambre para mañana, y uno con perilla que dice que se lo queda, que eso es bueno, que no es golfi.

Luego el Sauron vuelve hecho un ojo irritado, y como es el señor de la gente fea y cada vez hay más de eso, se hace poderoso. Así que los buenos van a descambiar el anillo, que lo tenía uno que parece un murciélago electrocutado. Por lo visto el anillo ese tiene el poder de combinar con cualquier cosa y de que todo el mundo se lo quiere probar, que les gusta un oro más que a una choni una foto en el baño.

El jefe es un mago que se fuma todo lo que tenga hormigas, y recluta a cuatro canijillos que madre mía lo que comen para ser tan pequeños, un enano borracho, dos señores que pasaban por allí y un elfo que es de los guapos, de los que entran por lista. Que el Gandalf se pelea a garrotazos con otro que tiene dos bigotes en las cejas y que monta un ejército de feos pero cachas.

Así que los malos mandan a unos señores a caballo que están huecos como los bordes de un bollicao, que entre esos pobres y el Frodo se reparten todas las calamidades, pero les ayuda una elfa que quiere ser famosa y tener muchos fanses. La Galadriel lo mismo está tranquilita que se le frunce la andorga y se pone a gritar "¡NiNiaTo eViTa eR RoSe...K Tu a Mi No Me CoNoSe!" que es lo que le da la calidad a la película.

Los efectos especiales son muy buenos porque el Saruman tiene una bola que es como una webcam para hablar con Sauron y contarse sus cosas.

Te la recomiendo si te gusta tener el ojo irritado o fumarte todo lo que tenga hormigas.

GÉNERO: PEQUEÑO ELECTRODOMÉSTICO
REPARTO: MUY MAL REPARTIDO
DURACIÓN: HASTA QUE SE ABOLLA

01. DI PA-TA-TA. 02. ESTO NO ES UNA SEÑORA, ES UN TERMINATOR. 03. NIEVES CONNOR Y SARA HERRERO. 04. ESTO VA A SER UN ESGUINCE.

01

02

03

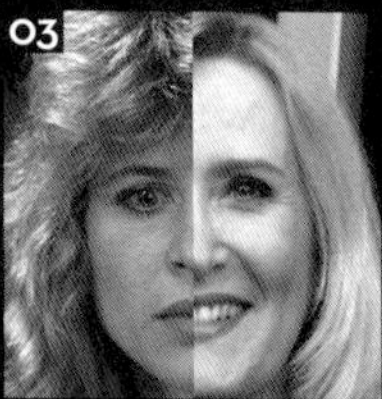

04

GOBERNATOR

BUENO, PUES HOY HE VISTO TERMINATOR Y OS VOY A CONTAR UN POCO...

La película va de un robot que llega a la Tierra, ve el percal y dice "aquí manda mi polla". Ha venido del futuro para matar a una señora que de lejos se parece a Nieves Herrero.

El robot no es como la termomix o uno de esos que aspiran solos. Es un robot que es puritita mala follá y tiene un vicio de romper cosas y matar gente que no es normal. Si necesita ropa te mata y te la quita, si necesita pasar te mata y pasa, si quiere chicles y tú estás masticando uno, te mata y te coge el chicle, si te va a buscar a casa y no estás, mata a tu compañera de piso. Que digo yo qué costaba si haces un robot así programarle unos modales, un por favor o un perdone usted.

Además tiene un defecto de fabricación, que es que la chaqueta le hace tetas, y conforme le das de hostias se le va rizando el pelo y se le quedan los ojos como piruletas de calimocho, pero aun así puede estar cosiéndose un botón y quitándote el sarro a puñetazos al mismo tiempo. Con decir que Chuck Norris le sujeta la puerta y le deja pasar primero...

Su misión es acabar con una pobre mujer que con dos sustos que le pegues ya te la has cargado, que no hace falta mandarle al bicho ese. Y dpel futuro también viene un soldado para proteger a la mujer y ya los dos aprovechan y hacen la coyunda, que es lo que le da la calidad a la película.

El robot está muy bien porque es un esqueleto forrado de papel albal y los actores son muy buenos porque se pasan toda la película corriendo y disparando.

Te la recomiendo si te gusta Nieves Herrero o te gusta matar gente en vez de pedir las cosas por favor.

GÉNERO: CHIQUINES HEROICOS
REPARTO: UN POCO EXTRAÑO
DURACIÓN: SE TE HACE CORTA

01. ¡MIRA LO QUE ME HE ENCONTRAO! 02. LA REINA MAZMORRA. 03. PAPÁ, NO VEO. 04. LOS CERDOS VIETNAMITAS MALÍSIMOS.

01

02

03

04

PULGA A LA FUGA

BUENO, PUES HOY HE VISTO **WILLOW** Y OS VOY A CONTAR UN POCO...

La película va de uno muy chiquitillo que anda como Fraga y que roba a una niña que la quiere matar la reina Mazmorra porque tiene un gurrapato en el brazo. La reina es mala que ni despega los dientes para cagarse en la madre del enano y lleva una corona que es como el pie de forja de un tiesto. Pero la niña es para comérsela de cosa bonica con el pelo panocha ese que me tiene; la plantas en una maceta y da flores.

El Willow vive en un poblado con los demás chiquiprecios. Lo que quiere es ser hechicero pero el mago jefe le dice "tírame del dedo" y no hay pedo, así que no tiene poderes. Y luego llegan a la aldea unos cerdos vietnamitas muy grandes con mucha querencia de morder cunas y comerse todo lo prenatal.

Entonces se llevan a la niña y se la dan a un yonqui en una jaula que la pierde y se va de putas. No es mal tío pero ve una puta y se pone la servilleta en el cuello. Además les persiguen los malos que el jefe se ha puesto la calavera de un cochinillo en la cabeza y la hija de la reina que debe ser andaluza porque le llaman así: "¡Shosha!" y que es lo que le da la calidad a la película.

Ya al final les raptan otros aún más pequeños que llevan los ojos como berronchos de andar todo el día amorraos a la botella y que van hechos unos crismas. Toda la chusma del reino se ha ido a reunir en la película. Con decir que el Willow se enfrenta a la Mazmorra a bellotazo limpio está todo dicho.

El guión es muy bueno porque todos tienen nombres que no se pueden pronunciar, como Brongranfs o Bergrenkras, y tienen a la niña parriba, la niña pabajo, que le va a dar un corte de digestión.

Te la recomiendo si te gusta morder cunas o ir hecho un crismas.

HISTÓRICAS

HISTORIA DEL PASADO DONDE LA GENTE HABLA Y ACTÚA IGUAL QUE AHORA PERO HACE DOS MIL AÑOS, AUNQUE LOS VESTIDOS SON DISTINTOS. SI LA PELÍCULA VA DE PRACTICAR SEXO CON UN DISFRAZ RENACENTISTA NO ES GÉNERO HISTÓRICO, ES CINE ESPAÑOL.

GÉNERO: REBELIÓN EN LA GRANJA
REPARTO: EL GUASA, LA MORRON Y LA PRINCESA
DURACIÓN: HAY UN MINUTO SIN GAITAS

01. UN ESCOCÉS ARREGLADO PARA SALIR DE BATALLA. 02. SE HA QUEDADO INDISPUESTA. 03. ¿LULÚ? OUI, SE MUA. 04. LA ARTILLERÍA ESCOCESA.

01

02

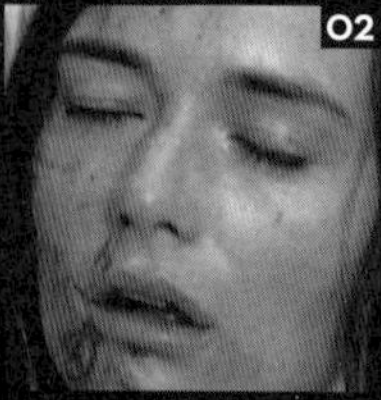

03

04

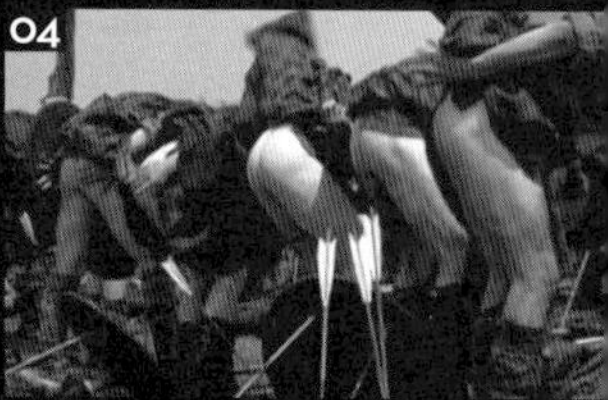

UNA ROMERÍA ESCOCESA

BUENO, PUES HOY HE VISTO **BRAVEHEART** Y OS VOY A CONTAR UN POCO...

La película va de un zurriburri de escoceses que no pueden llevar más mierda encima porque no la hay ni les agarra al cuerpo, qué caterva cartujana. Y el protagonista es un niño un poco palurdo que luego crece, porque en las películas la gente crece muy rápido, y se convierte en un escocés de los que siempre saludan, es así de majo que le llaman William Guasa.

Entonces se echa una novia que se llama Morron, como el pimiento, pero se la matan los ingleses, que la tienen tomada con Mel Gibson en todas las películas. Y los escoceses dejan de jugar a escalabrarse a pedradas y le ayudan a vengarse escamochando ingleses como si hubiera de sobra y enseñándoles el peluche antes de las peleas. Qué romería de hostias, qué manera de hacer viudas.

Así que el rey de Inglaterra se pone a la faena y saca la guasa sajona que tiene, que será un cabrón pero con esa gracia se nace o no se nace. Lo mismo te defenestra al novio del hijo que le hace todo el lío a la nuera. Además un soldado le pregunta "¿Tiramos flechas?" y él le contesta que no, que tiren irlandeses que son más baratos, que es lo que le da la calidad a la película.

Y el Wallace mientras haciendo una arenga que es como mi madre diciéndome que tengo que estudiar. Porque otra cosa no, pero a valiente no le gana un cerdito de Pixar. Le llevan a Inglaterra a torturarle, que el populacho le tira verduras y le grita "¡Chulo, robabolsos!" pero él no pide clemencia.

La banda sonora es muy buena porque es una partida de "Gaita Hero", y el montaje está muy bien porque la mitad de la película es a cámara lenta y dura tres horas, para que no la puedas grabar en VHS.

Te la recomiendo si te gusta la guasa sajona o enseñar el peluche antes de las peleas.

GÉNERO: ROMANOS DE EXTREMADURA
REPARTO: MAXIMUS "EL HISPANO"
DURACIÓN: CASI HASTA NUESTRA ÉPOCA

01. SOY LO "MÁXIMO". 02. LA HERMANA DEL EMPERADOR, CON OJITOS DE JROÑA. 03. ECHA MÁS VINO AHÍ. 04. HULK HOGAN, EL DÍA DE SU CUMPLEAÑOS.

01

02

03

04

GUSA Y BOCHORNO

BUENO, PUES HOY HE VISTO GLADIATOR Y OS VOY A CONTAR UN POCO...

La película va de un romano que antes de una batalla se tiene que poner a hablar con todos los soldados, hasta con el que engrasa la catapulta, y a darles órdenes muy importantes: "a mi señal, bocaos y cataplasmas", y se va a por otro centurión: "gusa y bochorno", y a por otro más: "migrañas y berberechos". Es más pesado que una vecina que te dice todo lo que has crecido. Y luego acaricia al perro, se frota las manos con tierra seca para dar dentera, arenga a la caballería... Cuando quiere empezar el ataque los germanos ya han recogido.

Y luego se mete a gladiador porque anda regañado con el emperador y con la hermana, que se lo quiere pitufar jroña que jroña. Y eso que el hombre no se da un agua en toda la película, que hasta las mofetas se abanican cuando pasa, y al llorar se le caen los mocos y las babas. Va hecho un cerdito golosín, que es lo que le da la calidad a la película.

Pero de gladiador se hace famoso que tiene las plazas llenas de fanses aunque les trata como Puff Daddy, que les escupe, les tira espadas, les insulta... Además de enemigos le ponen lo más ternasco de Padua, esperándole a porta gayola, y sale él con la espada en la mano rebanando gobanillas que eso ya es un perderse el cariño y borrarse del Tuenti.

El guión está muy bien porque está basado en hechos reales, como El rey león, y la acción es muy buena porque hay más peleas que en el cumpleaños de Hulk Hogan.

Te la recomiendo si te gusta pitufar jroña que jroña o ir hecho un cerdito golosín.

INFANTILES

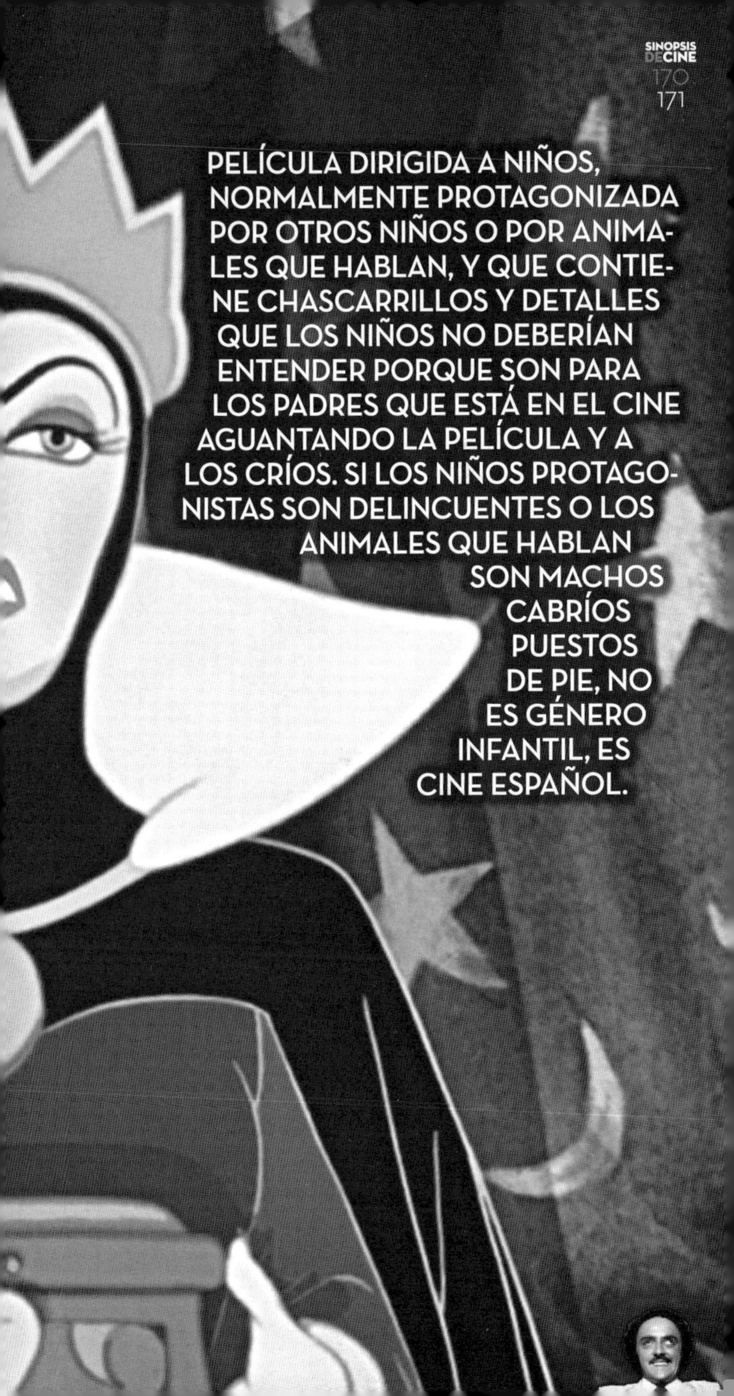

PELÍCULA DIRIGIDA A NIÑOS, NORMALMENTE PROTAGONIZADA POR OTROS NIÑOS O POR ANIMALES QUE HABLAN, Y QUE CONTIENE CHASCARRILLOS Y DETALLES QUE LOS NIÑOS NO DEBERÍAN ENTENDER PORQUE SON PARA LOS PADRES QUE ESTÁ EN EL CINE AGUANTANDO LA PELÍCULA Y A LOS CRÍOS. SI LOS NIÑOS PROTAGONISTAS SON DELINCUENTES O LOS ANIMALES QUE HABLAN SON MACHOS CABRÍOS PUESTOS DE PIE, NO ES GÉNERO INFANTIL, ES CINE ESPAÑOL.

GÉNERO: ASESINATOS DE DIBUJOS ANIMADOS
REPARTO: TODOS LOS PERSONAJES CANTAN
DURACIÓN: HASTA QUE DESPIERTA LA CHIQUINA

01. NORMAL QUE EL ESPEJO LA PONGA VERDE. 02. LOS SIETE ENANOS, TODOS SOLTEROS. 03. UN ESPEJO MUY MALEDUCADO. 04. BLANCANIEVES, ESPERANDO A QUE EL PRÍNCIPE LE HAGA ALGO PARA DESPERTARSE.

01

02

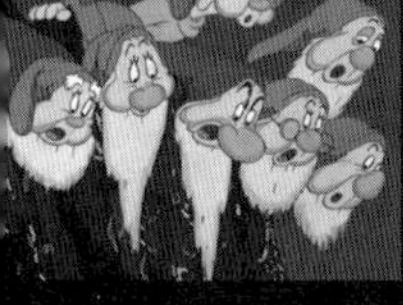

03

04

ESTE ESPEJO ME HACE GORDA

BUENO, PUES HOY HE VISTO **BLANCANIEVES Y LOS SIETE ENANITOS** Y OS VOY A CONTAR UN POCO...

La película va de una señora que tiene un espejo que le llama fea, como a mí el mío, y le dice que la más guapa es una que está todo el día cantando y hablando con los pájaros, que pájaro que ve, pájaro al que le suelta una charla. La verdad es que el espejo ese es lo más dañino, que no le costaba nada decirle "estás más delgada" o "no das casi asco".

La chiquina se llama Blancanieves y está enamorada del príncipe ese de las galletas que también canta, y entonces se escapa y se cuela en la casa de siete enanos solteros que también cantan y se lo cotillea todo y les pone a parir: que si tienen la casa llena de mierda, que si son unos cerdos... Así que pone a todos los animales del bosque a limpiar. Ve un mocho y se vuelve loca, y canta.

Los enanos viven en un antro pero cogen diamantes a puñaos en una mina, y la muchacha se apoltrona allí y los pone firmes, que no se puede ir porque el espejo sigue metiendo cizaña y la madrastra la tiene enfilada, que es lo que le da la calidad a la película.

Y luego ya la madrastra se disfraza de abuela rumana con un grano en la nariz, que eso es de tocarse y le da a la Blancanieves una manzana que le da una triquinosis y sólo se curará cuando pierda la virginidad, que de eso ya se encarga el príncipe. Es un cuento infantil.

La música es muy buena porque es Blancanieves cantando cada vez que ve una fregona, y el guión es muy bueno porque lo es, se ve enseguida.

Te la recomiendo si te gusta que tu espejo te llame fea o meter cizaña.

GÉNERO: FANTASÍAS ETÍLICAS DE AYER Y DE HOY
REPARTO: INENARRABLE (MIRAR FOTO DE ABAJO)
DURACIÓN: HASTA QUE SE CONSUME EL PETA

01. DOROTHY Y UNA NUTRIA. 02. EL CASTING, DE LO BUENO LO MEJOR. 03. LA BRUJA ES LA MALA.

01

02

03

LOS DOS TOTOS DE DOROTHY

BUENO, PUES HOY HE VISTO **EL MAGO DE OZ** Y OS VOY A CONTAR UN POCO...

La película va de una niña pequeña de unos 27 años que lleva dos coletas de esas que son para tirar de ellas y que tiene un perro delincuente y que parece una nutria. El comienzo ya es mágico.

Entonces un tornado se lleva volando su casa y termina aterrizando en Cortilandia. Que por lo visto al caer ha despachurrado a una bruja y hay unos enanos que le montan un desfile y le cantan después de ponerse bien de helio. Y una señora mayor disfrazada de princesa, al límite del coma etílico, que le dice que le robe los zapatos al cadáver.

Así que para volver a casa se va a buscar a un mago y por el camino conoce a un espantapájaros, una cafetera y un gato fofo y manflorita, y unos manzanos que hablan les intentan dar una paliza. La chiquina se va juntando con todos los perturbados travestidos que se encuentra, que en el instituto les debieron poner finos, y que es lo que le da la calidad a la película.

También hay una bruja que se le han antojado los Yimichú rojos de la niña y manda a por ella a unos monos que vuelan y droga al comando de Dorothy con una colina de opio. Y todo para que al final el mago resulte ser funcionario y les diga que vuelvan mañana. Todo verídico.

Los efectos especiales son muy buenos porque para matar a una poderosa bruja hay que echarle un cubo de agua encima, y el guión está muy bien porque la moraleja es que no hay que tomar drogas, niños.

Te la recomiendo si te gusta que te tiren de las coletas o que te manden volver mañana.

GÉNERO: NIÑERAS DE SUBIDÓN
REPARTO: CUALQUIERA QUE CANTE
DURACIÓN: LO QUE DURA EL EFECTO DE LA PÍLDORA

01

01. LOS EFECTOS ESOS DE LA PÍLDORA QUE SE TOMAN CON AZÚCAR. 02. EL CHIQUÍN DEJA CLARO QUE DUERME POCO. 03. ¿UNA PASTI? 04. LOS NIÑOS MÁS DIABÓLICOS DEL CINE HASTA QUE NACIÓ LA DE "EL EXORCISTA".

02

03

04

MARI TRIPIS

BUENO, PUES HOY HE VISTO **MARY POPPINS** Y OS VOY A CONTAR UN POCO...

La película va de una que lleva un tiesto en la cabeza y vuela con un paraguas, que debe ser por la píldora esa de la que tanto habla. También tiene un bolso que es como un bazar chino y no sabe hacer nada sin cantarlo, como una andaluza limpiando la casa.

Bueno, en realidad en el vecindario canta todo el mundo. Cantan y bailan como gitanos de bautizo, y están todos con un subidón de bachillerato que deberían intervenir las autoridades. También hay un señor mayor que tiene aparcado un barco de guerra en la acera y dispara cañonazos a las casas, que es lo que le da la calidad a la película, y veinte niñeras volando por los aires y un hombre orquesta que no se sabe de dónde viene pero está claro que todavía no se ha acostado.

Entonces la muchacha se mete de niñera a cuidar a dos niños que son demoníacos, que se escapan con la cometa y le echan pimienta al café. Dónde vamos a parar. Y entre ella y el hombre orquesta a los niños los drogan y los vacilan, se ponen a cantar con unos dibujos animados, a hablar con un perro, entran en la fase de no vocalizar con el "supercalifragilistico espialidoso"... En ese pueblo le han echado algo al agua y no es cloro.

El guión está muy bien porque tienen todos un beber muy salao y no hay disturbios ni botellazos, y la banda sonora es un no dejar de cantar ni para tragar saliva.

Te la recomiendo si te gusta llevar un tiesto en la cabeza o ver volar niñeras por los aires.

MUSICALES

EXCUSA ARGUMENTAL PARA TIRARSE TODA UNA PELÍCULA CANTANDO Y BAILANDO. SI LA GENTE QUE CANTA LO HACE BORRACHA SALIENDO DE UN BAR, O ES UN BAUTIZO GITANO, NO ES GÉNERO MUSICAL, ES CINE ESPAÑOL.

GÉNERO: EL BAILE DEL GORILA
REPARTO: CAMISETAS RECICLADAS
DURACIÓN: DEL TORNO AL BAILE

01. QUE ME DÉ EL AIRE. 02. TORNERA DE DÍA, BAILAORA DE NOCHE. 03. EL PERRITO AL QUE LE CUENTA SUS PENAS. 04. MUCHO SUDOR.

01

02

03

04

CATAPLÁS DANCE

BUENO, PUES HOY HE VISTO **FLASHDANCE** Y OS VOY A CONTAR UN POCO...

La película va de una chiquina que trabaja de tornera fresadora de día y haciendo bailes a patagarfio de noche, que la van a ver todos los desesperados del pueblo a ver si pillan aunque sea un catarro.

Ella lo que quiere es ser bailarina de las que van vestidas porque su sueño es que le metan la nómina en la cuenta y no en el tanga, y por eso se entrena mucho corriendo como los dibujos animados. Por cada baile pierde dos babuchas y un empaste. Y después se bebe la pesicola de un trago, que le va a dar algo en el cráneo y se le va abrir el esternón del eructo, y que es lo que le da la calidad a la película.

Entonces una señora mayor le dice que vaya al conservatorio, que tampoco es tan patética, pero allí le dicen que vuelva cuando se peine, que parece un kiwi con dientes, y ella se pone triste y se lo cuenta a su perro.

Además se lía con su jefe y lo mismo come langosta como una cerda y le frota el peluche con el pie que se agarra el cesto de las chufas y le rompe los cristales, el da de hostias y le tira los tacones. El hombre la aguanta porque va a lo que va, a la siembra del pepino gris.

El vestuario es muy sepsi porque la chiquina lleva todas las camisetas recicladas, que se le va a salir una teti a la que se agache, y los actores son muy buenos porque también hay uno contando chistes que no se ríen ni los bebés de las tarjetas de cumpleaños. Cada vez que habla aparece rodando una bola de matojo.

Te la recomiendo si te gusta ponerte los calzoncillos en la cabeza o beberte la pesicola de un trago.

GÉNERO: MASCULINO Y FEMENINO: TODOS CANTAN
REPARTO: LA NOVIA DE POPEYE Y UNOS CHUNGOS
DURACIÓN: CANTAN 96 MINUTOS; RESPIRAN 13 SEG.

01. DEFINITIVAMENTE, ÉL TIENE EL PELO MÁS BONITO QUE ELLA. 02. LAS CHICAS CANTAN. 03. LOS CHICOS CANTAN. 04. LA GUARRILLA CANTA.

01

02

03

04

AGACHÚ AFRONDENAYEN...

BUENO, PUES HOY HE VISTO **GREASE** Y OS VOY A CONTAR UN POCO...

La película va de dos chiquines que se enamoran en Matalascañas y como son guapos hacen cosas de enamorados guapos como correr por la playa, salpicarse, comer del mismo helado... No como las parejas de feos, que alquilan un patín de agua y comen de tupper. Y él tiene el pelo más bonito que ella, como en los matrimonios heavy.

Entonces al volver al insti ya ni hablan y se meten cada uno en una banda. Los chicos son muy chungos porque dicen vaya rollo, jobar, llevan tupé y cazadoras de cuero y beben cerveza. Y ellas son también muy malas porque van todas de rosa y dicen "qué bueno está Johnny Boy" y hablan mientras mastican y fuman. Son como bandas de un suburbio salvadoreño. La juventud está fatal.

Y entonces la chiquina, que se llama Sandy como la cerveza, se pone muy triste y canta, y su amiga la que es un poco guarrilla tiene un retraso y canta, y los chicos tienen que llevar el coche al taller y cantan, y otra amiga quiere ser peluquera y canta, y si hubiera monjas también cantarían, y que es lo que le da la calidad a la película.

El vestuario está muy bien porque es de la diseñadora francesa Cocó Chambrosa, y las canciones están muy bien porque son en un idioma raro pero te ponen debajo lo que significan.

Te la recomiendo si te gusta Matalascañas o tener el pelo bonito como un heavy.

GÉNERO: MONJAS QUE CANTAN
REPARTO: MARY POPPINS MONJA
DURACIÓN: HASTA EL DÍA D

01. LA MONJA QUE CANTA. 02. LAS MONJAS CONSIGUEN LIBRARSE DE LA MONJA QUE CANTA. 03. LOS NAZIS NO CANTAN, PERO HACEN RUIDO CON LAS BOTAS. 04. ¡JUDÍO EL ÚLTIMO!

01

02

03

04

ESTAMPIDA DE MONJAS MONTAÑESAS

BUENO, PUES HOY HE VISTO **SONRISAS Y LÁGRIMAS** Y OS VOY A CONTAR UN POCO...

La película va de una monja que va a trabajar a una casa, malcría a los niños y se tira al padre. Pero como lo hacen todo cantando pues no pasa nada. También hay otras monjas que son las que se libran de la protagonista porque no para de cantar y de correr por los Alpes.

Los niños están siempre cantando, que eso debe tener un nombre en psiquiatría. De hecho la monja les enseña canciones para que estén entretenidos y le dejen dar el braguetazo, porque ella es muy beata a su manera. Sor María no da puntá sin hilo. Y la hija mayor está melancólica porque se ha echado un noviete que no le poda la flor y dice que a ver si llega ya 1960 y puede hacer el do-re-mi a dos mofletes.

La monja canta, los niños cantan, el padre canta... La novia del padre no canta, y además le ponen los cuernos. También hay unos nazis que corren haciendo ruido con las botas, conducen temerariamente, disparan y gritan cosas raras, como todos los nazis, que es lo que le da la calidad a la película.

La banda sonora es una monja que canta, unos niños que cantan y un padre que canta. La novia del padre no canta. Y los paisajes son muy bonitos porque son los Alpes con una monja que corre y que canta.

Te la recomiendo si te gustan las monjas que cantan o ver correr a una monja por los Alpes.

ROMÁNTICAS

AQUÍ PRIMAN LOS SENTIMIENTOS, LAS EMOCIONES, EL ROMANTICISMO, LOS LÍOS AMOROSOS, LA GENTE QUE SE ENAMORA POR CASUALIDAD, LA GENTE QUE NADIE LA QUIERE Y DE PRONTO ENCUENTRA A SU MEDIA NARANJA, Y ASÍ SUCESIVAMENTE. SI EL TRÍO AMOROSO INCLUYE INCESTO, EXTORSIÓN, ASESINATO Y TETAS, NO ES GÉNERO ROMÁNTICO, ES CINE ESPAÑOL.

GÉNERO: VAMPIROS CON ACNÉ
REPARTO: ESTO ES LO QUE HABÍA
DURACIÓN: EL INVIERNO ENTERO

01. TENEMOS UNA GUASA ENCIMA... 02. ¿Y QUÉ LES PONES A ESTA FAMILIA PARA CENAR? 03. EL AUTOR DE LA BANDA SONORA.

01

02

03

AY, QUE ME QUEDO MUERTA, COMO TÚ

BUENO, PUES HOY HE VISTO **LA SAGA CREPÚSCULO** Y OS VOY A CONTAR UN POCO...

La película va de una chica retrasada que se enamora de un yonqui en el instituto. El yonqui brilla si le da el sol y vive en un piso de acogida con otros yonquis y la chica les conoce y les arruina la vida. A la chica le persiguen unos de una banda que van con la camisa abierta porque el rubio le quiere meter toda la ponzoña (debe ser argot).

La oligofrénica y el yonqui se pasan las dos películas mirándose así de lado con cara de paisaje con fuente. Y luego está el padre que se dedica a soportar a su hija y morderse la lengua. También hay un chiquín con el pelo largo que parece que vive en un cocotero y que sabe arreglar motos pero se pone a gritar y a darse manotazos en el pecho con la tabla del 2.

Entonces la chica esta oligofrénica que se entera de que el yonqui y su familia son vampiros y que su mejor amigo y toda su panda son hombres lobo, y en vez de salir de ahí cagando hostias como haría cualquiera, ella se va a casa de los hombres lobo a tocar los cojones al jefe y a hacerle la cobra a su amigo (con lo difícil que es cabrear a un hombre lobo...).

La chica vive rodeada de monstruos pero lo único que le da miedo es quedarse soltera, y se pone depre porque el yonqui se va a Italia a suicidarse, que es lo que le da la calidad a las películas, a los libros y a los videojuegos. Allí en Italia viven unos vampiros que son tres gays, una niña rubia y un bizco que comen turistas.

La banda sonora está muy bien porque es un chimpancé tocando el piano pero sin las teclas negras, y los diálogos son muy buenos porque son los mismos en las dos películas.

Te la recomiendo si te gusta comer turistas o te da miedo quedarte soltera.

GÉNERO: JORNADA DE PIERNAS ABIERTAS
REPARTO: BOINAS Y NENUCOS
DURACIÓN: PARA EL AMOR NO PASA EL TIEMPO...

01. QUÉ PATATISMO. 02. EN EL AQUÓPOLIS. 03. MOSTACHO PARA BARRER LAS MIGAS. 04. ¡TOMA, PA TI, PA QUE TENGAS!

01

02

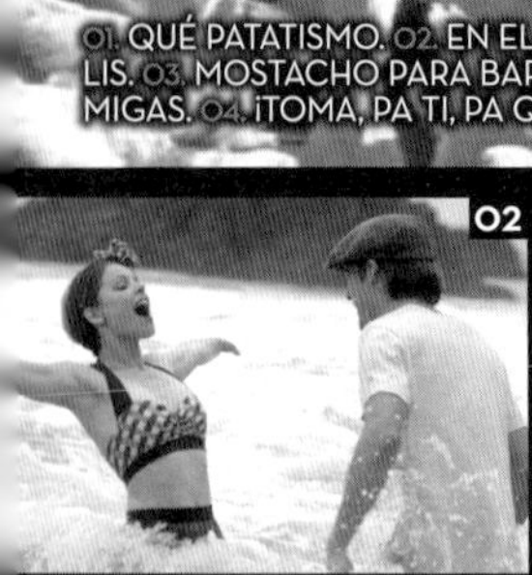

03

04

CON LA PRÓSTATA EN LLAMAS

BUENO, PUES HOY HE VISTO **EL DIARIO DE NOA** Y OS VOY A CONTAR UN POCO...

La película va de un chiquín que amenaza con suicidarse para conseguir una cita (¡maestro, torero!). Él va con su boina como un pastor de Cabezón de Pisuerga y ella riéndose a carcajadas, gritando y dando saltos como una perturbada.

Entonces los dos se enamoran como cualquier adolescente, todo el día pegados que parece que no tienen casa, estrellándose los helados en la cara, jugando al "aquí te pillo aquí te mancillo", discutiendo como camareros chinos... A la mínima él la empotra y ella se enrosca, que es lo que le da la calidad a la película. Él debería lavar un poquito la boina y ella dejar la cafeína, pero por lo demás no hacen mala pareja.

Y luego está el padre ahí de risas, que se ha dejado el bigote como el flequillo de un pony, fumándose hasta el mimbre de la mecedora, y la madre que le dice que deje al Noa, que es un piojoso y un mileurista. Y ya se acaba el verano y cada uno a su casa pero sin darse el whatsapp ni el spotify ni nada.

Después ella se lía con otro que es rico y él se pone a presentar Bricomanía, pero al final les pica la pepitilla y vuelven a quedar en un lago que es muy romántico lleno de patos tirados a puñaos. Y ahí están una semana él a serrucho y ella boca arriba como un nenuco. Un cuento de hadas.

La banda sonora es de piano con patos volando, que es la pena más grande que existe, y el guión es muy romántico porque hay muchos morreos a baba chorro y muchos patos.

Te la recomiendo si te gusta llevar boina o las montañas de patos.

GÉNERO: CAMPAMENTOS DE VERANO EN WISCONSIN
REPARTO: CHIQUINES BAILONGOS
DURACIÓN: DOS RESTREGONES POR MINUTO

01. ¿LA ESCALABRARÁ POR FIN? 02. BAILES DE CRUCERO. 03. COSQUILLAS EN LA SOBACA MORA. 04. EL BAILE DE LOS MONOS PELEAOS.

01

02

03

04

¡QUE LA ESCORROMOÑAS!

BUENO, PUES HOY HE VISTO DIRTY DANCING Y OS VOY A CONTAR UN POCO...

La película va de una chiquina que se va con su familia de campamento de verano a aprenderse una coreografía y tirarse al profesor de baile. A la muchacha le llaman "baby", como a un cerdo de peluche, y la pobre es un tordo romero. Se lleva un poco mal con su hermana, que es tan tonta que no tiene cola porque se la mordería.

El campamento familiar es un desparrame: taller de pelucas, merengue, magia, julepe... Al límite. Están los yayos como en un ambulatorio. Y los trabajadores mientras tanto restregando la patata en sus barracas que aquello ya es restregar por restregar, porque después de 8 horas eso ya no da gustito, eso escuece.

El profesor de baile es más chulo que un pavo con los huevos de un caballo, y baila con la profesora de merengue como monos peleaos. Cada vez que bailan los demás se apartan por si les cae un zapatazo o un soplamocos, porque esos bailan a pata galope.

La Baby baila como mi madre en los cruceros, pero luego el profesor le enseña un baile que es pasitos de frente, pasitos de espalda, arrechucho que te pego, te hago la redondilla, cosquillas en la sobaca mora... Y un salto que tú te ves toda la película entera a ver si al final la lanza patrás y la escalabra, y que es lo que le da la calidad a la película.

El vestuario está muy bien porque son chanclas con calcetines y las tetas apoyadas en los pantalones, y la música es muy buena porque dan ganas de restregarte hasta con el marco de la puerta.

Te la recomiendo si te gusta jugar al julepe o bailar a pata galope.

GÉNERO: HASTA EL EMPALAGO Y MÁS ALLÁ
REPARTO: DOS ESTAFERMOS
DURACIÓN: AL CIELO CON ÉL

01. ALGUNAS VISITAS NO SE VAN POR MÁS QUE LES ECHES INDIRECTAS. 02. LOS AMORES SUCIOS SON LOS MÁS APASIONADOS. 03. WHOOPI GOLDBERG, SIEMPRE MARCANDO ESTILAZO. 04. FANTASMAS ENCANTADORES.

01

02

03

04

CURSO DE ALFARERÍA

BUENO, PUES HOY HE VISTO **GHOST** Y OS VOY A CONTAR UN POCO...

La película va de uno que le mata un mendigo por el peinado que lleva, que parece una señora mayor en misa, y en vez de irse al cielo se queda en la tierra dando el coñazo a su novia. Que ya se lo decía la chica, que se peinara como un hombre, como ella. Los dos antes eran muy felices y hacían alfarería como cromañones inventando el plato hondo, pero después de la desgracia a la novia ya no le salen bien los jarrones. Es que al muchacho lo matan después de la mudanza y la reforma, con la rabia que da eso.

Entonces al chiquín las cosas le atraviesan y no puede tocar nada hasta que otro fantasma ya le enseña a tirar los papeles por el suelo y desordenar despachos. También anda por ahí el mejor amigo, que está más tenso que el pezón de un arquero por un "ya no te ajunto" con la mafia. Además descubre que la prota no es un chico y la quiere poner raspando el cabecero, pero se le tira un gato a la cara y se rinde.

El del pelo de hojaldre busca a una vidente y da con una que le dice que cada buey se lama su cipote, pero al final le ayuda porque el chico es muy pesado y ella no se pierde un disturbio. La mujer lleva una peluca de chocho de oso pardo, pero delinque que da gusto verla. Y es lo que le da la calidad a la película, la pitonisa Luisa.

Los efectos especiales son muy buenos porque son el protagonista hablando y la novia haciendo como si no estuviera allí, que no se chocan y es muy realista, y la música es la que más se usa para hacer alfarería.

Te la recomiendo si te gustan las señoras mayores en misa o las pelucas de chocho de oso pardo.

GÉNERO: FANSES UN POCO INTENSOS
REPARTO: POLIGONERO: EL KEVIN Y LA GÜITNI
DURACIÓN: HAY RATOS EN QUE ELLA NO CANTA

01. TÚ ARRÍMATE, DI QUE SÍ. 02. TO LO QUE TENGO, TRAIGO. 03. ¿CÓMO SE PUEDE SER MALO EN HOLLYWOOD CON ESA CARA? 04. ANTE EL PELIGRO, CONVIERTE LA CASA EN UN FUERTE DE PLAYMÓBIL.

01

02

03

04

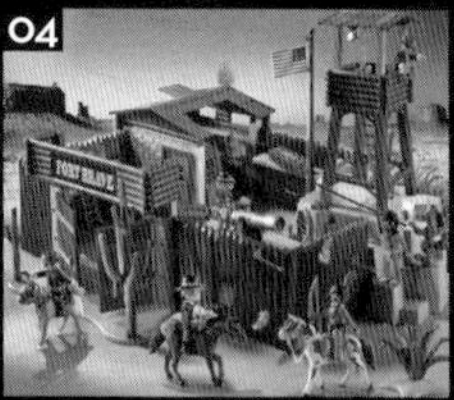

PASEANDO A MISS MARRON

BUENO, PUES HOY HE VISTO **EL GUARDAESPALDAS** Y OS VOY A CONTAR UN POCO...

La película va de uno que es guardaespaldas para llevar tirantes y tiene que proteger a una famosa que no hay quien la aguante, que ni los testigos de Jehová le tocan al timbre.

Él es muy bueno y lanza cuchillos casi mejor que mi madre la zapatilla, y cuando ella está en peligro la coge en brazos y sale a patadas, como en las rebajas. Y ella cuando canta no se come el escenario pero se lo podría comer, porque tiene más boca que un hipopótamo bebiendo de un botijo.

Entonces a la chiquina le acosa uno que se cuela en su casa, se masturba en su cama y le deja una carta de amenaza hecha con recortes de revista, que la tinta está muy cara. Por eso yo no monto fiestas en casa. Y el guardaespaldas para protegerla le convierte la casa en el fuerte playmobil y enseña al chófer a conducir como un cani.

Entre los dos hay mucha atracción de los ombligos: él la mira con la riqueza expresiva de un mimo boca abajo y ella le pone a prueba el aguante a los poquitos, a pellizcos de monja. Que cada vez que el hombre pasa por delante de su habitación ella abre las piernas y le dice "corre que se le van las vitaminas".

El vestuario está muy bien porque ella va vestida con toda la chatarra junta, "to lo que tengo, traigo", y la banda sonora son todos sus discos, no se han herniado mucho.

Te la recomiendo si te gusta conducir como un cani o salir a patadas de las rebajas.

GÉNERO: DE BESAR LAS PALOMITAS
REPARTO: UN TARTAMUDO Y UNA HISTÉRICA
DURACIÓN: 76 MINUTOS SIN COITOS

01. OTROS QUE SE DAN BESOS SIN SER NAVIDAD. 02. DIENTES, DIENTES... 03. EL NÁUFRAGO DROGAINÓMANO COMPAÑERO DE PISO. 04. DEBE SER DIFÍCIL SER TAN CALZONAZOS.

01

02

03

04

MIRARSE CON LA BOCA ABIERTA

BUENO, PUES HOY HE VISTO **NOTTING HILL** Y OS VOY A CONTAR UN POCO...

La película va de un calzonazos que vive en una pocilga de Barrio Sésamo con un náufrago drogainómano y se enamora de una que es una actriz de éxito mundial, como la hermana de Penélope Cruz.

Él es un poquitillo patético, rozando el "que dice mi amigo que si quieres rollo", y ella tiene una sonrisa como la valla de un jardín, que más de un coche ha aparcado delante. Entonces él para enamorarla le tira un zumo encima, con pulpa, para dejarle un buen cerco. El chico en su línea de triunfador.

Y luego tienen una relación muy bonita mirándose los dos con la boca abierta. Él parpadea muy rápido y tartamudea, y ella sonríe y abre las aletas de la nariz, tienen muchos registros. Y se dan muchos paseos porque el médico les ha mandado andar y se sientan en los bancos, él a leer y ella a abrir la boca que tú ves que se le va a colar algún balón en ella. Hay macetas que hacen más cosas a lo largo del día.

A ella lo que le da gustirrinín es chulear al pintamonas, por eso siempre vuelve, para dejarle más veces. Y como el otro sólo parpadea es fácil romper con él, no hacen falta ni excusas, te pones tus bragas y le dices "hala, que te cunda el pánico", que es lo que le da la calidad a la película.

La banda sonora es muy buena porque han sintonizado Kiss FM, y el guión es muy romántico porque hasta el minuto 76 no hacen coitos.

Te la recomiendo si te gusta dar muchos paseos o que te cunda el pánico.

GÉNERO: HABLAR SIN TACOS
REPARTO: LA FAMILIA DE CHENCHO
DURACIÓN: EL AMOR ES INFINITO...

01. ¿ME PERMITE ESTE BAILE? PROCEDA. 02. EL VARÓN NO LLEGA. 03. EL CERDO DEL PADRE. 04. EFECTO VOLUMEN.

01

02

03

04

ORGULLO Y PRECIPICIO

BUENO, PUES HOY HE VISTO **ORGULLO Y PREJUICIO** Y OS VOY A CONTAR UN POCO...

La película va de unas chiquinas que viven en la época esa antigua de llamar "padre" a tu padre y no "pápa" y de no hacer pedos con la mano en el sobaco. Entonces la madre, que le pierde el ansia roñosa, quiere casarlas con cualquiera que tenga viruta. Bueno, a las pequeñas no porque son tres grullas cojoneras.

Así que van a las fiestas a criticar y a bailar los minués que voy, que vengo, que me marcho, que vuelvo, y luego dando palmas y tirándose de los brazos de poder hacerse daño. Ríete tú de los punkis bailando ska. Y cuando se saludan se hacen unas reverencias que se tronchan el coxis y dicen "¡Lord Pinkleton, sois incorregible! Oh, ha sido una velada verdaderamente deliciosa, estoy deseando contárselo a la prima Betsy, es tan buena conmigo...".

La rubia se enamora de uno que es una flor de pitiminí y la morena de otro muy serio, con el gesto audaz de un mono comiéndose un moco. Que ese además tiene una tía mayor que se peina con la batidora y que no se ríe aunque le digas "¡Las cocretas no engordan, engordas tú!" que cualquiera se monda con eso.

La madre dice que su hija la Jane es un loto fresco y la otra, la Lizzi, una boñiga con lazo. Y mientras el padre anda paseando a un cerdo y saqueando la bodega, él a sus minucias. La verdad es que cuando está sobrio es majo, y es lo que le da la calidad a la película.

Los diálogos yo no me entero de nada pero son muy buenos porque hablan como los libros de COU, ni un cantidubi ni un cómeme el níspero, y la música es de piano con patos y barrancos.

Te la recomiendo si te gusta bailar los minués o decir que "las cocretas no engordan, engordas tú".

GÉNERO: PASARLO DE PUTA MADRE
REPARTO: UN CABALLO Y UN BUDISTA
DURACIÓN: 25 AÑOS ENTRE NOSOTROS

01. EVIDENTEMENTE, AÚN NO SE HA IDO DE COMPRAS. 02. DUELO DE BOCAS ABIERTAS. 03. LA AMIGA PUTA QUE TODOS TENEMOS. 04. ¿ME PUEDO PROBAR LOS TANGAS?

01

02

03

04

ME VOY DE COMPRAS

BUENO, PUES HOY HE VISTO **PRETTY WOMAN** Y OS VOY A CONTAR UN POCO...

La película va de uno que contrata a una puta para no tocarla ni con un palo. Entonces la chiquilla, que no se pisa el babi, pues le suelta tientos a ver si el otro pica. ¿Le damos a la mandanga? No, mejor vete de compras. ¿Te hago una churrupaíta? No, vamos a la ópera. ¿Te atuso el peluche? No, antes coge esta joya pero sin pillarte los dedos con la caja o con tus dientes... Es todo tan dulce que van las moscas de tapas.

Así que la muchacha se pega la vidorra sin rasparse las rodillas lo más mínimo. Se da unos baños en el yacusi que se le quedan los dedos como la papada de un sharpei, se va de compras a gastar a mansalva, aunque tenga el gusto en la glotis y lleve los billetes cogidos en un puñao, come caracoles igual que una mona chupando cerezas. Menos mal que es guapa, porque por lo demás es como una cerda en un patatal.

Además la prota tiene otra amiga puta que come chicle con la boca abierta y asusta viejos. Entre la una que me va con boina y botas de vizconde prusiano y la otra que lleva dos tapacubos en las orejas, vaya dos flores de pascua.

Los actores son muy buenos porque él sólo se sienta y mira a la otra, y ella enseña los dientes y relincha. Hay mucha tensión de amor entre los dos. Y el guión es muy bueno porque es un desgarrador testimonio sobre la prostitución y sus terribles consecuencias, como por ejemplo casarte con un millonario.

Te la recomiendo si te gusta no rasparte las rodillas o ver a una mujer relinchando.

SUSPENSE

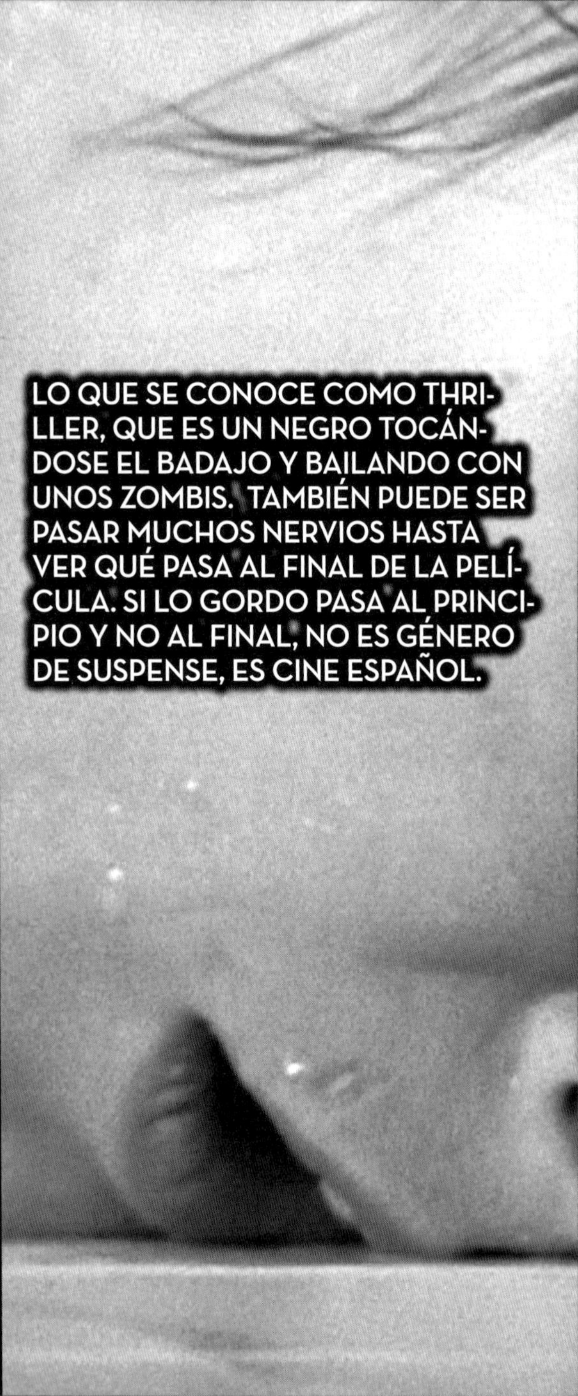

LO QUE SE CONOCE COMO THRILLER, QUE ES UN NEGRO TOCÁNDOSE EL BADAJO Y BAILANDO CON UNOS ZOMBIS. TAMBIÉN PUEDE SER PASAR MUCHOS NERVIOS HASTA VER QUÉ PASA AL FINAL DE LA PELÍCULA. SI LO GORDO PASA AL PRINCIPIO Y NO AL FINAL, NO ES GÉNERO DE SUSPENSE, ES CINE ESPAÑOL.

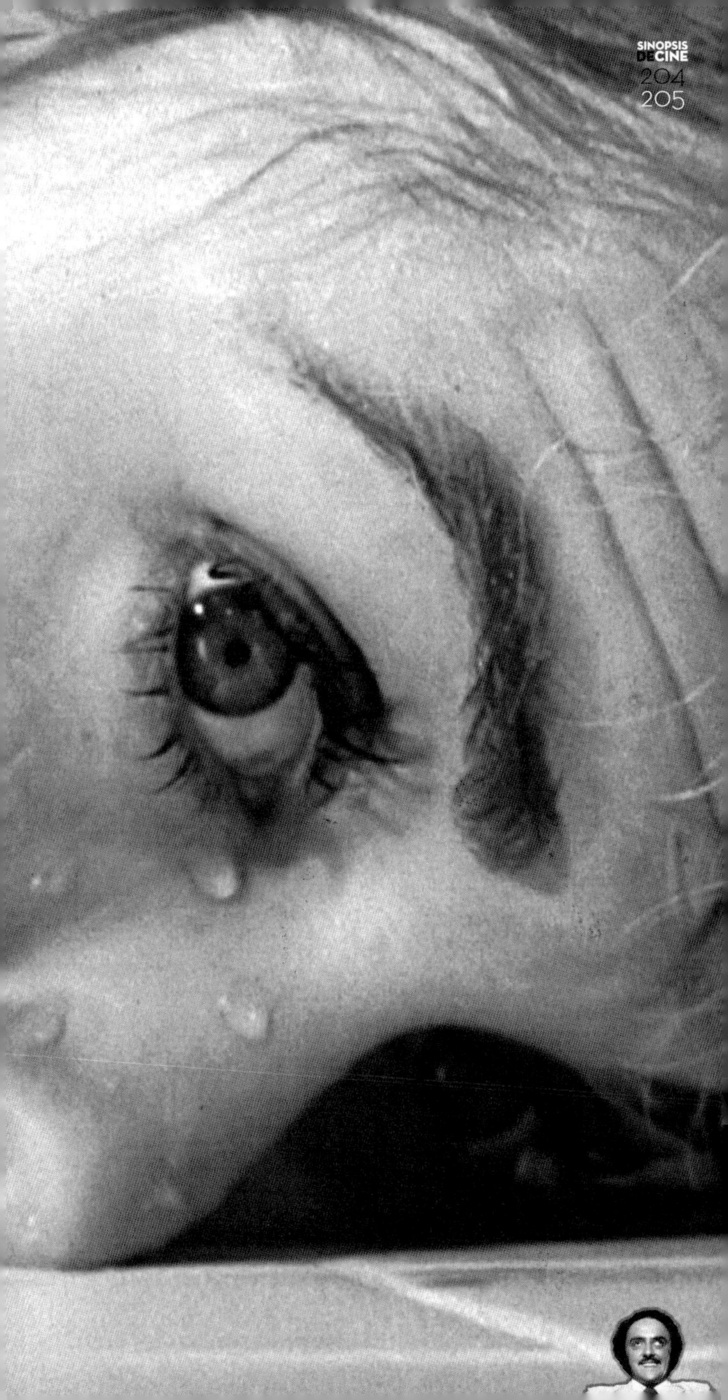

GÉNERO: SUSPENSE DESCOLORIDO
REPARTO: PAPELES DOBLES; POCO PRESUPUESTO
DURACIÓN: HASTA LA DUCHA Y DESPUÉS

01. DESEMBRAGA A FONDO. 02. HABITACIÓN CON BAÑO, ¿VERDAD? 03. ¡NO ABRÁIS EL GRIFO DE LA COCINA! 04. LA MADRE, UN POQUÍN DESMEJORADA.

01

02

03

04

HOSTAL ROYAL MANZANARES

BUENO, PUES HOY HE VISTO **PSICOSIS** Y OS VOY A CONTAR UN POCO...

La película va de una chiquina que le manda el jefe a hacer un ingreso y ella se queda la pasta y sale de ahí meando fuego, como cuando tu madre te mandaba a por el pan, que ya podía estar esperando las vueltas. No llama ni al novio por no soltar el bolso.

Entonces hay media película que es verle a ella conduciendo y poniendo gestos: ay que me hago pis, ceño de remordimiento, cabecita de lado que me dan las largas, pezuñitas al volante que me estrello... Son todos primeros planos porque va divina de guapa, no se le mueve un pelo en toda la película aunque le sople La Masa

Luego llega el monzón a Arizona y se mete en un motel que es como el plató de pelo pico pata, está lleno de bichos secos, porque el hotelero dice que es taxidermista aunque el taxi no sale en toda la peli. La verdad es que el hombre muy bien de la buhardilla no está, que se traviste de florista gitana para regañarse a sí mismo, que es lo que le da la calidad a la película.

También hay una escena que es espeluznante porque la chiquina se mete debajo del chorro a pezón patatús, sin dejar antes correr el agua caliente, que hasta un guerrero cántabro mete primero el pie.

El guión es muy bueno porque como no hay efectos especiales están todo el rato hablando, y el color se les ha olvidado, y la banda sonora es un violín a bocaos.

Te la recomiendo si te gusta regañarte a ti mismo o escaparte con las vueltas del pan.

GÉNERO: ASESINOS MUY TRABAJADORES
REPARTO: DOS POLIS, LA CHICA Y UN MALO
DURACIÓN: DE CADÁVER EN CADÁVER

01. TIRITAS DE LOS POKEMONS. 02. EL POLI NEGRO ES DEL CÍRCULO DE LECTORES. 03. EL MALO ES DE LOS QUE LUEGO LO CUENTAN TODO. 04. A MÍ NO ME METÁIS.

01

02

03

04

PECADOS, NO REQUISITOS

BUENO, PUES HOY HE VISTO **SEVEN** Y OS VOY A CONTAR UN POCO...

La película va de un señor que es malo como una borrasca y que dice que tiene una misión divina. Pero no divina como una blusa que tú la ves y dices "qué blusa más divina"; es divina de que le ha mandado Dios el recado.

Entonces el señor éste va matando una persona por cada uno de los 7 pecados capitales: la gula, la pereza, la envidia cochina, los pantalones pitillo, poner a parir al que falta, salir de fiesta sin un duro y tirarse un pedo y agitar las sábanas. Además es de esos asesinos que cuando los detienes te lo explican todo, y eso ahorra mucho papeleo y muchas llamadas a Jessica Fletcher.

Para detenerle están dos policías que uno es un negro muy sabidurioso y el otro es un rubio que cuando no va cubierto de mierda va forrado de hostias. El rubio vive con su mujer que están muy enamorados porque por la mañana se dan besos antes de lavarse los dientes, y tienen la casa hecha una cochambre, llena de perros, les pasa un tren por encima, que el negro se descojona de ellos y los espectadores que viven en un chalet también.

Los policías deben estar haciendo la selectividad porque están todo el rato en la biblioteca y viendo gente moribunda. Bueno, el que lee es el negro porque el rubio cuando ve un libro se pone como los monos de "2001", que es lo que le da la calidad a la película.

El guión está muy bien porque aprendes mucho de pecados y de capitales, y la producción es muy buena porque han cogido todos los días del año en que llueve para rodar.

Te la recomiendo si te gusta estar todo el día en la biblioteca o salir de fiesta sin un duro.

TERROR

LA COSA ES QUE TE LLEVES SUSTOS Y QUE TE CUNDA EL PÁNICO CON BICHOS Y MONSTRUOS Y ASESINOS. SI EL ASESINO ESTÁ MÁS TIEMPO APRETANDO TETAS QUE EL GATILLO, Y ADEMÁS NO TE EXPLICA POR QUÉ TE MATA, ENTONCES NO ES GÉNERO DE TERROR, ES CINE ESPAÑOL.

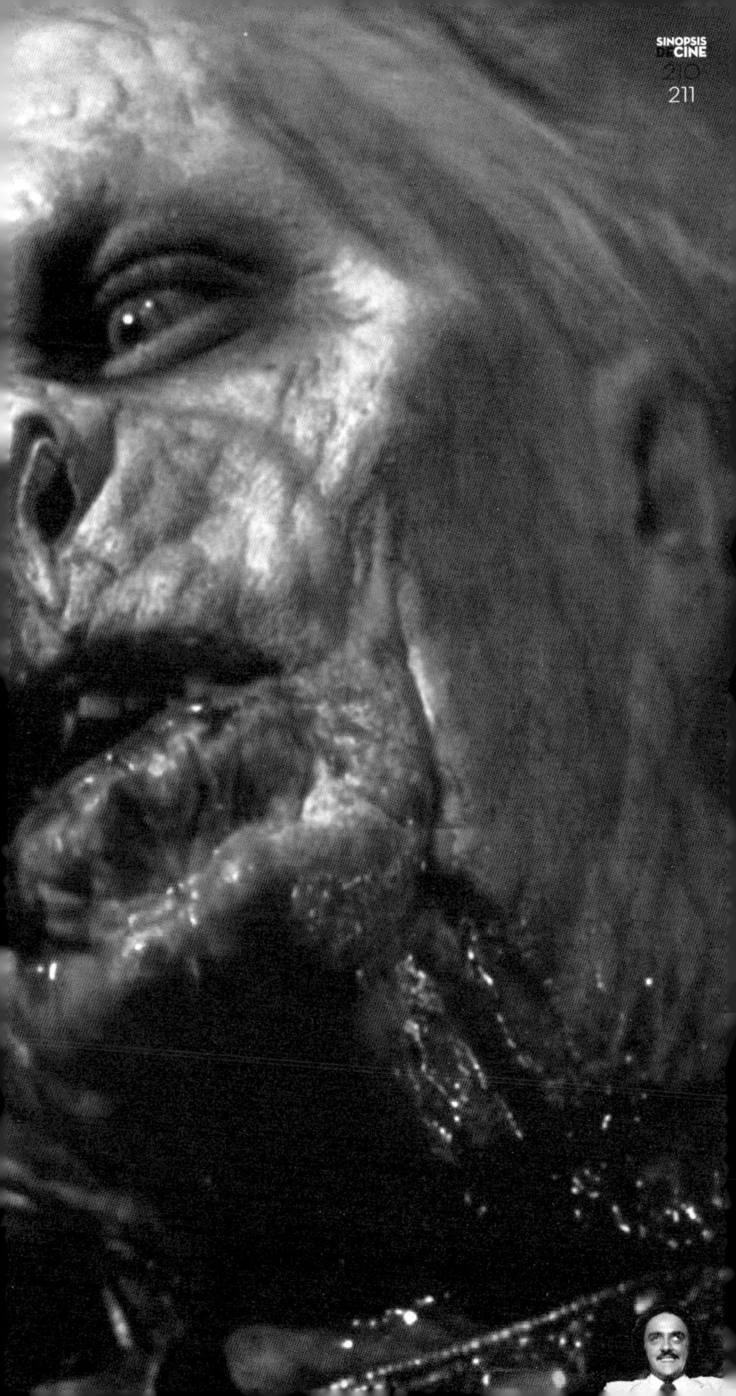

GÉNERO: VAMPIROS VEGETARIANOS
REPARTO: CHUPASANGRES BUENOS Y MALOS
DURACIÓN: TRES PARTES, Y AMENAZAN CON MÁS

01. SERÁ BUENO, PERO LOS VAMPIROS TIENEN UN PRONTO... 02. ESTE ES EL FROS, LO MÁS MALO. 03. LA CHIQUINA QUE NO QUIERE SER VAMPIRA. 04. EL COLEGA MOTERO DE BLADE.

01

02

03

04

EL QUE HA VISTO LA PLAYA

BUENO, PUES HOY HE VISTO BLADE Y OS VOY A CONTAR UN POCO...

La película va de un vampiro chulo como llegar a un concesionario de Ferrari y pedir "lo de siempre". Además le puede dar el sol porque es tostadito de piel y sabe kárate del que duele, no como el de las olimpiadas que dan una patada y se retiran a la pata coja, que no se ensañan, que es lo bonito. Los otros vampiros montan fiestorros con aspersores de salsa brava y Blade dedica su jornada laboral a joderles las goas. Otra cosa no hace.

Le acompaña una chiquina que por lo visto es hematóloga, que es esa gente que tiene los dos sexos a la vez. Entonces el Blade la lleva a un garaje donde vive su colega, que es lo que queda del cantante de Europe, que inyecta ajo a la chica y le dice que eso no le va a curar pero que va a estar muy rica, y fabrica chismes que luego Blade les lanza a los demás. El melenas pone el material y el negro la mano de obra.

El malo es el Fros, que por lo visto no es pura sangre, vamos, que no es andaluz. También hay uno rellenito que no se sabe si le han mordido o le han soplado. La chica para defenderse de los vampiros lleva un spray de salmorejo, pero ella al gordete este prefiere matarlo a la plancha, que es lo que le da la calidad a la película.

También hay un malo que va perdiendo brazos y que habla con los otros vampiros en su idioma secreto para que no les entiendan, con la pe: gipilipipopollaspas.

Los efectos especiales son muy buenos porque si a un vampiro le das una patada se hace ceniza, no puedes matarlos en edificios públicos ni a menos de cien metros de un colegio, y el guión está muy bien porque Blade es bueno y sólo toma zumo de persona, es vegetariano de plasma.

Te la recomiendo si te gusta ser hematóloga o ensañarte, que es lo bonito.

GÉNERO: BOTELLÓN DE HOSTIAS
REPARTO: LA CARRI Y LOS QUE MATA
DURACIÓN: UN SEGUNDO EL CUBO DE SANGRE

01. QUÉ POCO SENTIDO DEL HUMOR TIENE LA GENTE. 02. MADRE NO HAY MÁS QUE UNA. 03. LA BROMITA, A PUNTO. 04. UN BAILE DE GRADUACIÓN EN MINNESOTA.

01

02

03

04

YA ME HABÉIS HINCHADO LOS CARRIS DEL TOTO

BUENO, PUES HOY HE VISTO CARRIE Y OS VOY A CONTAR UN POCO...

La película va de una chiquina rubia, fea y medio lerda que tiene el poder mágico de cabrearse como una abuela gallega. La muchacha estudia la LOGSE en un instituto de la zona de San Sinati o aledaños, y los compañeros le gastan bromillas: tampones en la cara, sangre de cerdo por encima de la cabeza... Ya se sabe, chavaladas.

La chica quiere ir al baile de graduación con el Skipy (capitán del equipo de fútbol) y su madre, que no es monja porque está delgada, le dice que no va, que eso es de guarras y de comunistas, y la Carri se agarra el cesto de las chufas, le parte en dos un muro a la casa y se va al baile, que es lo que le da la calidad a la película.

Al baile van todos los del insti: la Beberly, La Britany, la Kimberly, La Sue Ellen, el Skipy, el Mich, el Bobby John... Ahí entonces le gastan otra bromilla a la Carri, que no tiene sentido del humor ninguno, y mezcla sulfuro de potasio con anhídrido carbónico y la lía parda.

La otra mitad de la peli es la Carri comidita de mierda de la cabeza a los pies, subida en un escenario y mirando mal para todos lados, y un montón de gente gritando y corriendo en llamas. Lo que es un baile de graduación en Minesota, groso modo.

La banda sonora no sé cómo es porque la película la vi sin sonido, y los actores da igual cómo sean porque la Carri les hace fosfatina a todos.

Te la recomiendo si te gustan las abuelas gallegas o la gente que corre envuelta en llamas.

GÉNERO: JUGUETES EDUCATIVOS
REPARTO: ASESINOS DE PLÁSTICO
DURACIÓN: LO MENOS LLEVAN YA SEIS

01. CHUCKY EN "EL RESPLANDOR". 02. LA MADRE DEL NIÑO NO LE DEJA IR CON ÉL. 03. Y LUEGO SE ECHA UNA NOVIA. 04. ¿ALGUIEN SE ATREVE A VER LA VERSIÓN INDIA DEL ENGENDRO?

01

02

03

04

MUÑEQUITO DE VUDÚ

BUENO, PUES HOY HE VISTO **CHUCKY, EL MUÑECO DIABÓLICO** Y OS VOY A CONTAR UN POCO...

La película va de un malhechor que está de tiroteo en una juguetería y como ve que se añusga le pasa su alma bandida a un muñeco con un ritual satánico en francés, que es el idioma del amor y de la magia negra en juguetes y pequeñas mascotas.

Entonces le regalan el muñeco a un niño que no sabe hacer nada sin llenarlo todo de mierda o tropezarse con sus propios pies. Ese niño lo que necesita es tener amigos y no andar por ahí con un muñeco sociópata porque va a terminar con siete años en puticlubes y boleras.

El Chucky tiene que hacer lo que se le pone en las pelotas o te pega un martillazo, te tira por la ventana o te abre el gas y te revienta la casa. Es el muñeco que piden ahora todos los niños, un referente. Y qué boca tiene... Yo no he visto cosa de plástico más mala, que hasta funciona sin pilas de la impaciencia de asesinar que tiene. Ni quemado y sin cabeza se le van las ganas.

El guión es muy bueno porque te enseña lo que pasa si compras los juguetes en locales no autorizados, como a un mendigo en un callejón, y los diálogos están muy bien porque los han escrito en una cárcel nicaragüense.

Te la recomiendo si te gusta tropezarte con tus propios pies o terminar en puticlubes y boleras.

GÉNERO: CHUPA, QUE YO TE AVISO
REPARTO: SALE HASTA ANÍBAL LECTER
DURACIÓN: 400 AÑOS COMO POCO

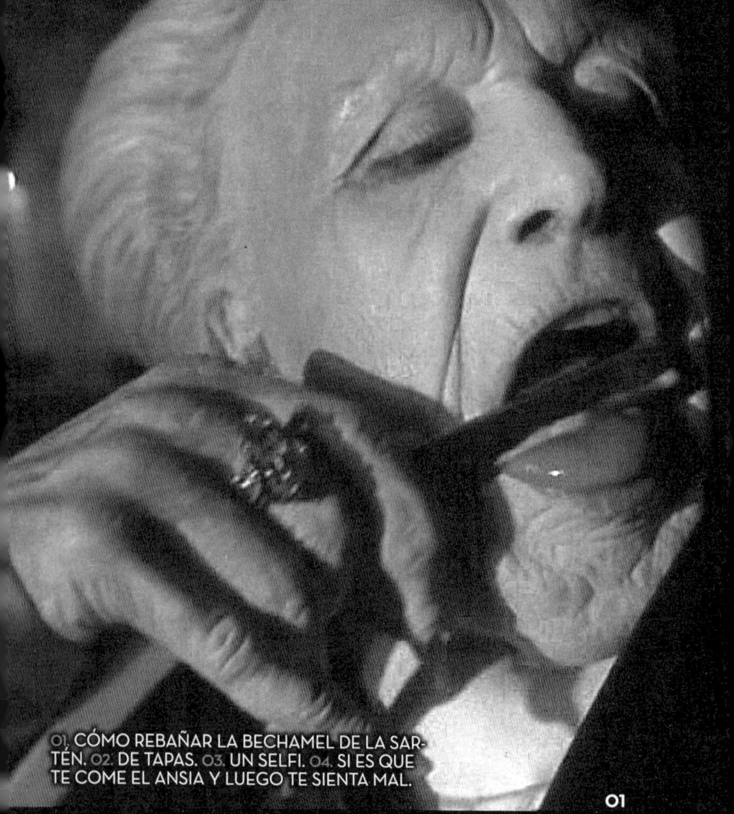

01. CÓMO REBAÑAR LA BECHAMEL DE LA SARTÉN. 02. DE TAPAS. 03. UN SELFI. 04. SI ES QUE TE COME EL ANSIA Y LUEGO TE SIENTA MAL.

01

02

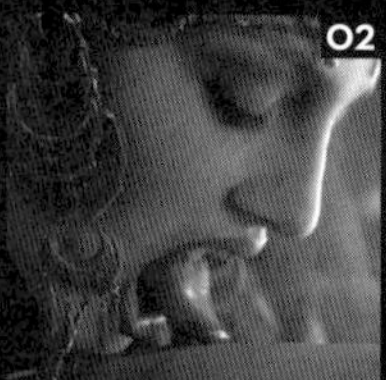

03

04

05

A BOCAOS

BUENO, PUES HOY HE VISTO **DRÁCULA DE BRAM STOKER** Y OS VOY A CONTAR UN POCO...

La película va de un rumano que está de guerra con los turcos bastante contento porque trabaja en lo que le gusta, haciendo pinchos morunos, pero la mujer se le tira por la ventana del castillo y él se hace gótico.

Siglos más tarde mandan a un chiquín a Transilvania a venderle unas iglesias a Drácula, que ahora es un señor mayor con capa y un sujetador en la cabeza. Además le da el deperterre sin venir a cuento y lo mismo te chupa la navaja de afeitar y se pone a relamerse que toca un crucifijo y dice "ay qué yuyu". Eso es para salir de ahí corriendo como un ruso en una cata de aguas.

El Drácula se va a Londres, y lo primero que hace al llegar es rebañarse a la Lucy, una pelirroja que le tienen que quitar las bolas de las barandillas en casa de la comezón chuminera que tiene. Cómo será que en el barrio le llaman La Tutifruti. Drácula tiene el poder mágico de que le hagan caso y de poner cachonda a la gente, aunque con la Lucy no hay que esforzarse demasiado. Tiene tal poder que pocha las flores y se convierte en una codorniz gigante, que es lo que le da la calidad a la película.

Entonces Drácula se convierte en John Lennon y va a cazarle un médico de venéreas bastante averiado. El Jonathan llega cuando se escapa del castillo, que anda en una orgía con unas vampiresas que le están mordiendo todo lo que le cuelga. Las vampiresas por lo común andan cachondas como las gatas en marzo y sólo se las puede matar con una estaca en el corazón o con alioli.

El vestuario es muy bueno porque ser vampiro te hace inmune al buen gusto y el decoro, y las vampiresas llevan en el cuello una blonda de esas de poner la tarta encima para que no se manche la bandeja.

Te la recomiendo si te gusta que te llamen La Tutifruti o ponerte un sujetador en la cabeza.

GÉNERO: VAMPIROS CON CHORRERAS
REPARTO: EL CRUISE Y EL PITT POR LAS NOCHES
DURACIÓN: A LO LARGO DE VARIOS SIGLOS

01. LA NIÑA ESTÁ EMPADRADA. 02. ME CORTAS LAS PUNTAS. 03. TE CHUPAN LA SANGRE, PERO QUÉ PELO MÁS SEDOSO. 04. LA NIÑA VAMPIRA ES UNA MONADITA.

01

02

03

04

COSAS DE FAMILIA

BUENO, PUES HOY HE VISTO **ENTREVISTA CON EL VAMPIRO** Y OS VOY A CONTAR UN POCO...

La película va de dos chiquines que se conocen en una noche de parranda de estas que dices "que voy bien, que yo controlo", pero vas de una barandilla a otra a ver si llegas al ropero. Y el chiquín que se parece a una muñeca monster high le pega un chupetón al otro en un muelle con la excusa de convertirlo en vampiro.

Como los vampiros no pueden hacer el ñaca ñaca se lían a sorber la pechuga a las señoras pero con gusa golosa, que cada vez que cogen a una eso ya es merienda cena. Y luego el que no tiene pluma se hace vegetariano de caniches y pájaros. Hay un poquito de desacuerdo en el tema de comerse a la gente que les presentan, y como los dos son vampiros las peleas de pareja son como el cortejo del mapache.

Entonces les echan de la comunidad por comerse a la mitad del vecindario, se van de turismo gastronómico y adoptan a una niña para sentar la cabeza. La niña esa es como una piraña en un bidé, qué cosa más mala, y como no envejece no suelta el pavo. Se come al servicio, al profesor de piano, a la modista y lo que pille, es veneno pa tu piel. La niña cabrona ésta es lo que le da la calidad a la película.

Y luego se van a París sin Lestat, que está siempre indispuesto, a descubrir que los demás vampiros del mundo son ligeramente gilipollas. El jefe es el que tiene la melena más esponjosa y lleva los batines más brillantes, porque los vampiros no se cortan el pelo, que les crece enseguida. Si te hacen vampiro cuando tienes un grano en la nariz y un orzuelo en el ojo, así te quedas para siempre, dando más asco que miedo.

El maquillaje es muy bueno porque es polvos de talco y dos piñones pelados en los colmillos, y los efectos especiales son tirar a los actores contra una pared y como caigan.

Te la recomiendo si te gusta llevar la melena esponjosa o sorber pechugas.

GÉNERO: CHICO FEA BUSCA CHICA FEA
REPARTO: TROCITOS DE ACTORES
DURACIÓN: TODA LA ETERNIDAD

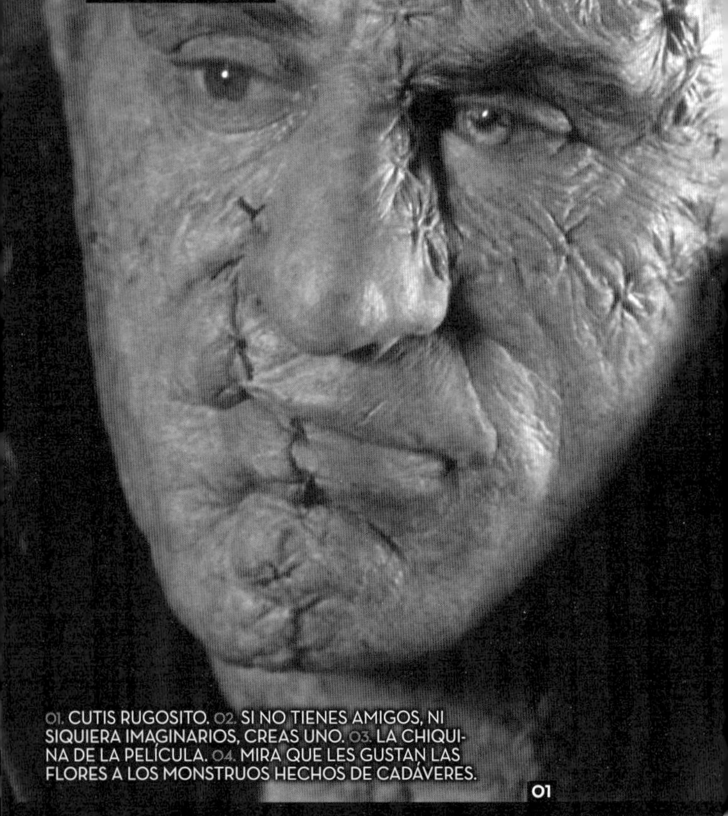

01. CUTIS RUGOSITO. 02. SI NO TIENES AMIGOS, NI SIQUIERA IMAGINARIOS, CREAS UNO. 03. LA CHIQUINA DE LA PELÍCULA. 04. MIRA QUE LES GUSTAN LAS FLORES A LOS MONSTRUOS HECHOS DE CADÁVERES.

01

02

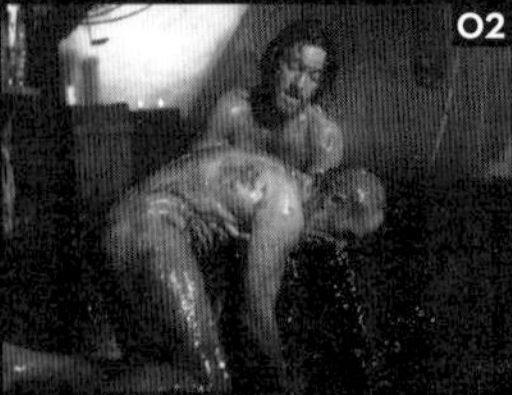

03

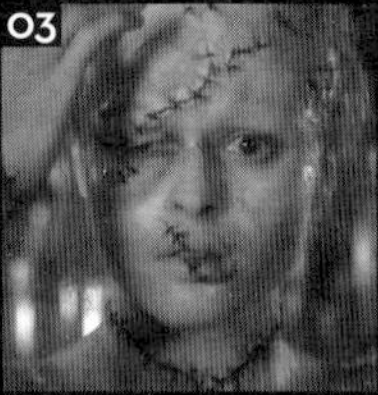

04

LA VERBENA DE SAN CIPOTE

BUENO, PUES HOY HE VISTO FRANKENSTEIN DE MARY SHELLEY Y OS VOY A CONTAR UN POCO...

La película va de uno que ya desde chiquín se veía que iba para científico porque coge a toda su familia y la pone debajo de un relámpago a ver qué pasa. Así que va a la universidad a estudiar medicina, charcutería y corte y confección, que habría sido mejor que estudiara una filología o un grado medio de estética personal decorativa, visto lo visto.

Entonces crea un señor potato con cachos de gente y ale, a sembrar el pánico. Que luego se arrepiente y dice qué he hecho, Dios mío. Pues un pan con unas hostias has hecho.

El bicho es fuerte de abrir él solo la olla exprés pero no se le posan encima ni las moscas verdes. Y conoce a un ciego que cuando le está tocando le dice “venga, tonto, quita el culo y pon la cara”. La gente le pega y le insulta que no es que el señor sea malo, es que la muchedumbre es muy de coger al sospechoso y enseñarle las vistas que hay desde el campanario.

Así que el monstruo se va a por el doctor a intercambiar opiniones y a decirle que o le cose una novieta para él o le monta la verbena de San Cipote en su noche de bodas. Está harta hasta la mujer, que le dice “Víctor, pichurri, me tienes ya hasta el mismísimo coño con el Quimicefa”, que es lo que le da la calidad a la película. Total, que al final quedan los dos en la montaña para pegarse, como hombres.

El maquillaje es muy bueno porque es un molde de la cara de Meg Ryan, y los efectos especiales están muy bien porque metes el secador en la bañera y ya se crea la atmósfera científica.

Te la recomiendo si te gusta que se te hinchen los macnuguets o la verbena de San Cipote.

GÉNERO: CÓMETE EL PURÉ, REGAN
REPARTO: UNA NIÑA Y DOS CURAS; ¿PARA QUÉ MÁS?
DURACIÓN: LO QUE DURA UN EXORCISMO

01. REGAN, CON ESE GENIO NO TE VAS A ECHAR NUNCA NOVIO. 02. ESO LO VAS A LIMPIAR TÚ, CERDA. 03. TOMA, KARRAS, PRUEBA ESTA MENESTRA. 04. TE VOY A SACAR EL DEMONIO A HOSTIAS.

01

02

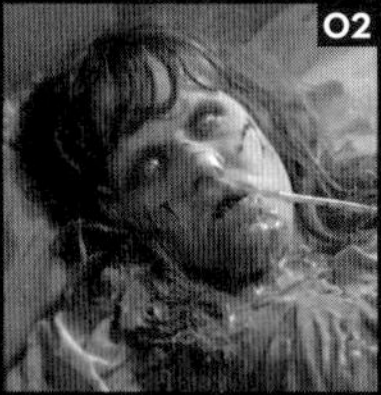

03

04

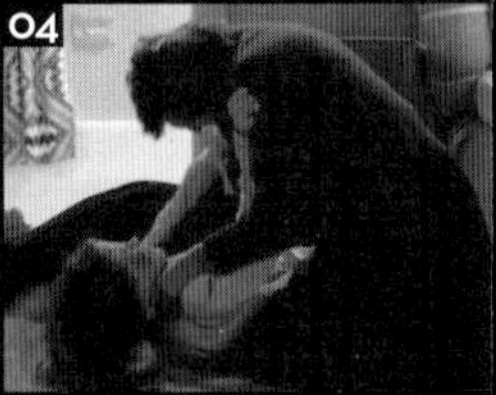

TRÁEME PACÁ A ESE CURA

BUENO, PUES HOY HE VISTO EL EXORCISTA Y OS VOY A CONTAR UN POCO...

La película va de una niña poligonera con gastroenteritis que trae a su madre por la calle de la amargura. La niña es peor que el gremlin bizco: insulta, vomita la verdura, da la vuelta a la cabeza, tira muebles, habla en arameo, se mea encima, grita después de las 12... Es guarra y quinquillera como no hay otra. Que además está todo el día en casa, que no tiene amigas ni nada con ese carácter.

La niña no respeta. Está la pobre madre que ha organizado un ambigú con sus amigos, nada del otro mundo, un picoteo y unas canciones al piano, y ya va la Regan hecha un abanto bajando las escaleras como Nadia Comaneci a mearse en la alfombra y a adivinarte la muerte. Mira, qué vejez va a dar.

Entonces la madre llama a unos curas para que se encarguen de ella, y allá que van el cura viejo que la intenta convencer rezando y el de "Hermano mayor" que le saca el demonio a hostias. Las dos hostias bien dadas a la niña malcriada es lo que le da la calidad a la película.

Luego hay también un inspector de policía que va a casa de la niña nada más que a gorronear y gulusmear. Y una señora mayor que es griega y la niña la imita que es para troncharse. Y nadie más, porque lo que se dice personajes sólo hay esos.

El decorado es la habitación de la niña que la tiene como yo la mía y el vestuario es un camisón lleno de babas y acelgas.

Te la recomiendo si te gustan las niñas poligoneras o bajar las escaleras como Nadia Comaneci.

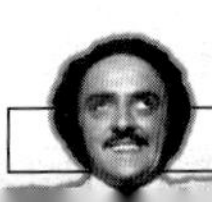

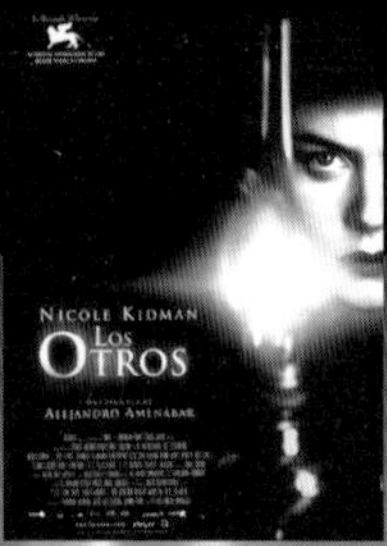

GÉNERO: NIÑOS EN EL ÁTICO
REPARTO: LA KIDMAN Y UNOS FANTASMAS
DURACIÓN: TODO EL DÍA ES DE NOCHE

01. NICOLE BUSCANDO PERSIANAS SUBIDAS. 02. LOS NIÑOS NO VAN AL COLEGIO, QUE ESTÁ LLENO DE CHUSMA. 03. LA CASA CÁNTABRA ES UN PASAJE DEL TERROR. 04. UNA YAYA SIN PUPILAS.

01

02

03

04

CÓMO ESTÁ EL SERVICIO

BUENO, PUES HOY HE VISTO **LOS OTROS** Y OS VOY A CONTAR UN POCO...

La película va de una mujer que busca servicio nuevo porque el otro se le ha escapado. Lo que pasa es que con los nuevos empleados tampoco empieza con buen pie, que quiere ser graciosa y le pregunta a la jovencita que si se le ha comido la lengua el gato pero no, es que es muda, se lo dice el ama de llaves, que tampoco la traga. Tiene una facilidad natural para meter la pata y caer mal.

En la casa también viven los hijos que no les puede dar el sol, son fotovoltaicos. Está todo a oscuras y van por la casa dejándose los dedos meñiques contra todos los muebles, por eso es una película de terror, que es lo que le da la calidad a la película.

El niño es un gatito de algodón, la que es mala es la hermana, que le dice a la madre que ve fantasmas, y la madre pregunta "¿fantasmas?" y dice "sí, los que me cuelgan de las miasmas" y se ríe como una hiena borracha. Al final se gana una hostia y un paseo de los pelos. No hay que jugar con una madre con jaqueca.

El ambiente en la casa está más tenso que el tanga que Obélix. La madre va con un trabuco y no hace más que despertar a la asistenta, que ya le dice que se calme un poquito que le va a dar un ébola, aparte el detalle de que está de ella hasta la garfia.

La iluminación es muy buena porque han cerrado las persianas y le han dado un candelabro a la protagonista, que pidió por contrato no matarse por las escaleras, y el guión es muy bueno porque al final de la película tú dices "hay que ver..."

Te la recomiendo si te gusta que todo te dé jaqueca o dejarte los dedos meñiques contra todos los muebles.

GÉNERO: TERROR EXFOLIANTE
REPARTO: CHIQUINES ASESINABLES
DURACIÓN: A CRIMEN EL MINUTO

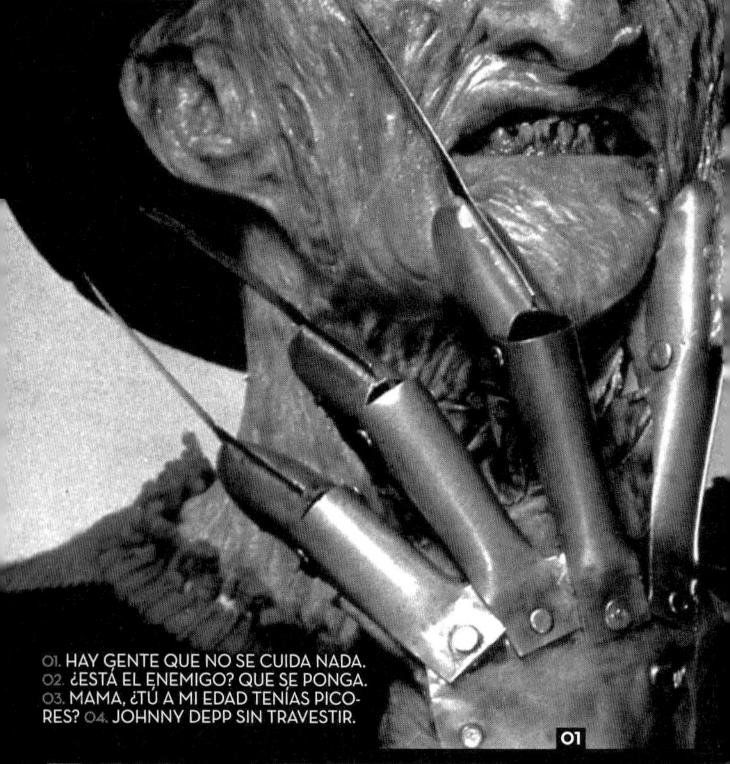

01. HAY GENTE QUE NO SE CUIDA NADA. 02. ¿ESTÁ EL ENEMIGO? QUE SE PONGA. 03. MAMA, ¿TÚ A MI EDAD TENÍAS PICORES? 04. JOHNNY DEPP SIN TRAVESTIR.

01

02

03

04

PESADILLA EN LA CHIQUINA

BUENO, PUES HOY HE VISTO PESADILLA EN ELM STREET Y OS VOY A CONTAR UN POCO...

La película va de un conserje que no se ha cuidado nada, que a poco que hubiera usado una hidratante de noche y no hubiese matado a veinte niños ahora estaría felizmente jubilado.

El hombre te ataca cuando estás durmiendo, como mi vecina la muy hija de p... Y mata chiquines que están en una edad muy tonta y dan ganas. Además es un cachondo mental y vale que te asesina, pero el rato de antes qué risas. Lo mismo te saca la lengua por el teléfono que te arrasca el puerro en la bañera, que es lo que le da la calidad a la película.

Entonces hay una chiquina con el pelo como una bola de pelusas - que se debería echar un sérum o un champú de yoyoba - que pide ayuda con angustia gitana, pero la madre está pegándose lingotazos como si fueran a prohibir el vodka y el novio está ahí a sus moscas y sus cintas de casete y a la chica no le ayuda ni el SAMUR social.

La música es muy buena porque da más susto que explotar globos, y el maquillaje está muy bien porque al malo le han exfoliado la cara con alcayatas y después sólo ha podido hacer papeles de espaldas.

Te la recomiendo si te gusta pegarte lingotazos como si fueran a prohibir el vodka o exfoliarte la cara con alcayatas.

GÉNERO: TV MOVIE
REPARTO: JODER QUÉ CATERVA
DURACIÓN: HASTA LA CARTA DE AJUSTE

01. CAROLAIN DECIDIENDO SI VA O NO HACIA LA LUZ. 02. OYOYOYOYOY... 03. LA NIEVE TELEVISIVA, UN GRAN EFECTO ESPECIAL. 04. AY, QUÉ FRÍO ESTÁ EL ECTOPLASMA.

01

02

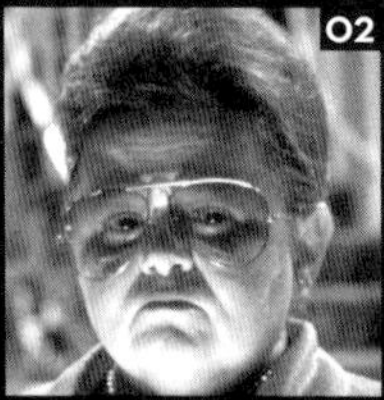

03

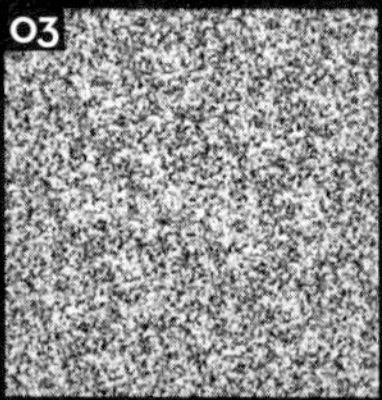

04

CAROLAIN, APAGA LA TELE QUE ME TIENES MUY HARTA

BUENO, PUES HOY HE VISTO **POLTERGEIST** Y OS VOY A CONTAR UN POCO...

La película va de una chiquina que se pasa el día pegada a la tele que le da igual lo que echen, como si es la carta de ajuste. Y su madre le dice "Carolain, no te pongas tan cerca del televisor que te vas a quedar ciega", pero la niña nada, le toca los patucos lo que le digan. Además pone las manazas en la pantalla y deja las marcas. Un caso de niña. No tanto como paranormal pero sí un poquito atontada.

Entonces llega un momento en que el televisor se la traga y los padres llaman a una vidente que le dice que se acerque a la luz, que se acerque. Y luego llaman a otra vidente enana y medio calva que parece un mono atropellado y le dice que se aleje de la luz, que se aleje. A la Carolain ya la tienen frita.

La enana dice que la niña tiene una transmutación extracorpórea, y la madre dice que la niña lo que tiene es hipermetropía, que es lo que le da la calidad a la película. Es todo muy aterrador.

Al final atan a la enana a una cuerda y la lanzan a otra dimensión. Pero tranquilos que ella sabe volver, ya vendrá cuando tenga hambre. No se sabe qué está pasando pero se oye a la enana a través del plano astral "oyoyoyoyoy..."

El vestuario está muy bien porque la niña va todo el rato en pijama y los efectos especiales son una tele con la antena desconectada.

Te la recomiendo si te gustan las transmutaciones extracorpóreas o las enanas calvas

GÉNERO: HIJOS ÚNICOS
REPARTO: PADRES E HIJOS INADAPTADOS
DURACIÓN: SEGÚN SE VA HACIENDO MAYOR

01. COMO PARA IR A BUSCAR LA PAREJITA. 02. LA NANI DE SATANÁS. 03. ANTES MUERTO QUE SENCILLO. 04. SI NO APRENDEN CON AZOTES, SE PASA A LAS PUÑALADAS.

01

02

03

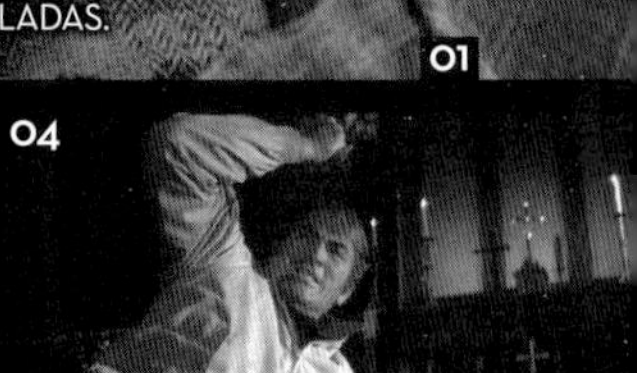

04

ESTE NIÑO ES UN DEMONIO

BUENO, PUES HOY HE VISTO **LA PROFECÍA** Y OS VOY A CONTAR UN POCO...

La película va de un matrimonio que adopta a un niño que es como un muñequito de Giochi Preziosi, para morderle los mofletes, hasta que le da el parraque y empieza a mirar patrás sin que le llamen ni nada, de la misma maldad. El niño es malo como el Windows 8.

Al principio la familia es muy feliz de darse besos sin que sea Navidad, que hasta la niñera se ahorca para animarle el cumpleaños al niño, ahí todos ponen su granito. Pero luego ya el chiquín se va haciendo amigo de rottweilers y viene otra niñera que se nota que es de Satanás por el flequillo que lleva, que es flequillo de quemar cajeros, y que es lo que le da la calidad a la película.

Al niño las jirafas y los monos mucho cariño no le tienen, y cuando se acerca a la iglesia se pone como un gato en la bañera, así que es difícil hacer planes con él los domingos. Ni misa ni zoo.

Así que el padre se va con un fotógrafo que le salen todas las fotos mal a buscar a un exorcista que les regala un juego de cuchillos. También está la madre, pero esa no cuenta porque lo único que hace es saltar por los aires. Y venga de rottweilers por todas partes. Que al final el padre coge al niño para matarlo porque ve que con dos hostias ya se queda corto.

La música es muy buena porque da más miedo que el borrador de la renta, y los actores son muy buenos porque el padre cada vez que muere alguien se tapa la cara con las manos que parece que ha fallado un gol.

Te la recomiendo si te gusta darte besos sin que sea Navidad o hacerte amigo de los rottweilers.

GÉNERO: HOTELES VACÍOS CON ENCANTO
REPARTO: COMO PARA COGER UN HACHA
DURACIÓN: UN CRUDO INVIERNO ENTERO

01. EL NIÑO, CAMPEÓN DEL MUNDO DE TRICICLO, HACE MUCHOS AMIGOS EN UN HOTEL VACÍO. 02. JACK NICHOLSON CASI NI TUVO QUE ACTUAR. 03. ¿UN PARTIDITO? 04. EL DESENLACE DE LA PELÍCULA DEJA FRÍO A MUCHOS.

01

02

03

04

LA FAMILIA FELIZ

BUENO, PUES HOY HE VISTO EL RESPLANDOR Y OS VOY A CONTAR UN POCO...

La película va de uno que se mete de conserje en un hotel que está construido sobre un cementerio indio, que es donde edifican siempre en Estados Unidos. Así vienen luego los disgustos. Que además en la entrevista de trabajo le cuentan que en el hotel hubo una masacre y se descojonan todos. Es que cuando una matanza sale graciosa...

Al hotel se va también la mujer, que parece que ha estado buceando en la freidora y que tiene más boca que una yegua lanzando besos, y el hijo que habla con su dedo y pone voz de abuelo fumador. El festival de la oligofrenia.

Y también hay un negro que es otro psicópata y que se ríe por todo: "Pues parece que refresca jajajajaja", "ahí tenéis doscientas patorras de pavo jajajajaja", y que es lo que le da la calidad a la película. Por haber hay hasta un oso de peluche de rodillas haciéndole una falacia de esas a un señor mayor. Con todos los amigos imaginarios tienen el hotel completo.

Y luego resulta que el padre también está como una chota belga, que parece una lechuza en la cazuela loca, y se pone a jugar al corre, corre que te descuartizo con la familia. Es muy importante hacer cosas juntos.

La música está muy bien porque va a lo suyo, inventándose sustos, y el doblaje es muy bueno porque lo han hecho unos borrachos.

Te la recomiendo si te gustan las matanzas graciosas o hacer cosas con la familia.

GÉNERO: GRITOS DE CHIQUINES
REPARTO: RUBIAS Y MORENAS
DURACIÓN: SE MIDE EN PUÑALADAS

01. DREW CANTANDO "SOBRE MI BIDÉ", DE MÓNICA NARANJO. 02. QUIERO HABLAR CON EL SEÑOR GERLO, PACO GERLO. 03. EL MALO BOSTEZANDO. 04. CHIP Y CHOP.

01

02

03

04

COGE EL TELÉFONO, QUE SÉ QUE ESTÁS AHÍ

BUENO, PUES HOY HE VISTO **SCREAM** Y OS VOY A CONTAR UN POCO...

La película va de un asesino muy majo porque antes de matarte siempre llama. Si aciertas la pregunta te mata igual, pero puedes usar el comodín del cuchillo de cocina. Y va vestido con una manta de sofá, una careta derretida y un cuchillo jinsu, es un asesino de un poder adquisitivo moderado, probablemente un adolescente o una funda de almohada.

Entonces el asesino va a por una chiquina que se llama Sidni, como los juegos olímpicos, que su novio nada más que le quiere hozar el musgo y ella le dice que no, que jopelines, pero le enseña las tetas y le manda a casa como un babuino trepando verjas. Eso añade más tensión a la trama.

Los amigos no hacen más que cachondearse de la chica, como hacen los colegas cuando tienes un problema, que te emborrachan y se ríen de ti. Eso sí: vocalizan muy bien. También hay una reportera que lo que le gusta es perseguir a la Sidni para mearse en la herida, que es lo que le da la calidad a la película.

El asesino es muy de matar indoor, bajo techo, y va asesinando al retortero pero cada vez más a troche y moche, que esa ansia de matar se la tiene que mirar porque no la tiene ni un ninja en el año del mono.

Los efectos especiales están muy bien porque nada más que hay que coger a un actor de los que van a morir, lanzarlo contra una estantería y como caiga, y los diálogos son muy buenos porque el asesino llama a la protagonista y le dice “Sidni, puta”, “te voy a matar”, “calla, no interrumpas”.

Te la recomiendo si te gusta vocalizar mucho o matar bajo techo.

GÉNERO: NIÑOS CON VAHO
REPARTO: LOS MUERTOS Y EL VIVO
DURACIÓN: LAS NOCHES, LARGUÍSIMAS

01. EL NIÑO, ARROPADITO. 02. ¿PERO QUÉ ME ESTÁS CONTANDO? 03. AQUÍ CON UNA AMIGA. 04. AL FINAL EL NIÑO SE LIBRA DE LOS FANTASMAS COMIÉNDOSELOS.

01

02

03

04

JO QUÉ YUYU

BUENO, PUES HOY HE VISTO EL SEXTO SENTIDO Y OS VOY A CONTAR UN POCO...

La película va de un chiquín con las gafas de una azafata del "Un, dos, tres" pero sin cristales que habla latín. Un niño normal y corriente, vamos. Lo que pasa es que dibuja reyertas y escribe como un presidiario guatemalteco, así que la madre se preocupa un poquillo y lo lleva al médico de los disgustos.

El doctor es uno con unas entradas que parece que le ha frenado un minibús en la frente y subraya los libros con bolígrafo, y eso sólo lo hace la gente muy audaz o la que no piensa devolver el libro, y es lo que le da la calidad a la película.

Aunque es muy buen profesional, cuando ve al niño dice que está como el cencerro de Milka y no se hace con él. El querubín se arrebuja en las sábanas, pone carita de gusiluz y le dice que "aquí huele a muerto y yo no he sido". Y el otro cachondo va y le suelta que les eche una mano a los fantasmas, que le ha tocado eso como le podía haber tocado ser futbolista.

Los efectos especiales son muy buenos porque cuando hay un fantasma te sale de la boca vaho de esquiar en Candanchú, y el casting está muy bien porque actúa el niño este, Lee Harvey Oswald.

Te la recomiendo si te gusta dibujar reyertas o que te frene un minibús en la frente.

GÉNERO: HOLOCAUSTO CANÍBAL
REPARTO: UNA CHIQUINA ENTRE GENTUZA
DURACIÓN: PASA BIEN ENTRE BOCADO Y BOCADO

01. CLARICE MORRITOS STARLING. 02. BUFFALO BILL CON LA PIRINDOLA ENTRE LOS MUSLOS. 03. MAGUILA GORILA. 04. NO ES UN CERDO VIETNAMITA, ES EL DOCTOR LECTER.

01

02

03

04

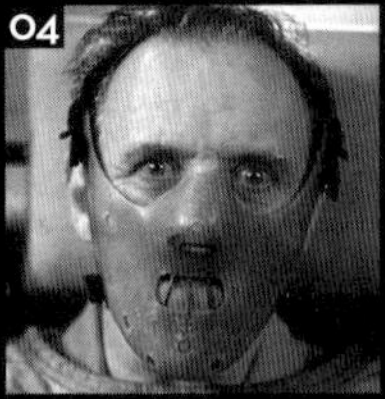

MASTERCHEF

BUENO, PUES HOY HE VISTO **EL SILENCIO DE LOS CORDEROS** Y OS VOY A CONTAR UN POCO...

La película va de una chiquina que está en 1º de FBI, rama de Ciencias de la Salud, y la mandan de prácticas a una cárcel que los presos están ahí por su buen gusto y su facilidad para el halago y que le dicen cosas como "desde aquí huelo tu coño". La muchacha parece que se está aguantando todo el rato el pis.

Ella entonces se pone a hablar con uno que lleva una dieta blanda a base de pacientes y policías y que come orejas y ojos como chuches. Que cuando le preguntan cómo está el paciente él dice que muy rico. El hombre pone a la chica a parir que sólo le falta tirarle de la goma del sujetador. Es cotilla, cochino y no sale nada bonito de su boca.

Al señor ese le llaman Aníbal el Caníbal porque le puso el nombre el mismo que a Pepita Pulgarcita y a Maguila el Gorila. Y luego hay también un joven diseñador que mata feas para hacerse camisetas.

A la chica le ayuda en su misión un científico bizco que se la intenta ligar con la gracia de un perrete arrastrando el culo por la moqueta, y que es lo que le da la calidad a la película.

El vestuario está muy bien porque al malo le ponen una máscara que parece un cerdo vietnamita, y los diálogos son muy buenos porque el caníbal habla muy culto hasta que le sale la vena nini y empieza "teta, parrús, te voy a comer to lo fregao..."

Te la recomiendo si te gusta comer pacientes o aguantarte todo el rato el pis.

GÉNERO: TELEBASURA
REPARTO: LA CHICA DEL TIMOTEI
DURACIÓN: LAVAR Y MARCAR

01. SI ES QUE TANTA TELE NO PUEDE SER BUENA. 02. HALA, YA ESTÁ, TODO EL SALÓN ENCHARCADO. 03. COÑO, QUÉ SUSTO, HABER ELEGIDO MUERTE. 04. LA RUBIA Y SU HIJO SÓLO QUIEREN PASARLE EL MARRÓN A OTRO.

01

02

03

04

THE PUAJ

BUENO, PUES HOY HE VISTO **THE RING** Y OS VOY A CONTAR UN POCO...

La película va de otra película que si la ves te mueres. Pero no como una de esas pelis de cine social iraní que te quieres morir. Si ves esta película te mueres de verdad. Bueno, no te mueres tú, te mata una niña china que es más marrana que Susi Legañas.

La niña, que va siempre con el mismo camisón y lleva el pelo como el papel de escurrir los sanjacobos, sale de tu tele que parece que viene de la piscina y te deja el salón hecho una ciénaga, que es lo que le da la calidad a la película. La chiquina parece que tiene un imán para la mierda, es un poco nauseabunda.

Entonces la película esa la ve un niño y su madre dice "o apaño esto o le paso el marrón a otro". Y después de investigar descubre que la peli es un vídeo casero de la niña china que estaba como un cencerro.

El maquillaje está muy bien porque es una niña china que no sabe lo que es una esponja, y los efectos especiales son un cubo de agua tirado en el suelo.

Te la recomiendo si te gusta tener el salón hecho una ciénaga o pasarle el marrón a otro.

TODO COMENZO ASI...

GÉNERO: GASTRONOMÍA
REPARTO: UN POLI, UN GAFAS Y UN LOBO DE MAR
DURACIÓN: LA DIGESTIÓN DEL TIBURÓN

01. ESTA PAL FACEBOOK. 02. LA HORA DEL BUFÉ LIBRE DE TURISTAS. 03. EL EQUIPO "T". 04. MÁS CORNÁS DA EL HAMBRE.

01

02

03

04

NI TIBURÓN NI TIBURÁN, HASTA LAS 5 NO TE BAÑAS

BUENO, PUES HOY HE VISTO **TIBURÓN** Y OS VOY A CONTAR UN POCO...

La película va de un pescado enorme que coge a los bañistas, los zarandea, les hace unas aguadillas y se los come. Arriba, abajo, al centro y p'adentro. El pez se ve que no es de piscifactoría porque es todo gusa magra, y sólo come chiquines que están blanditos, a los mayores los aparta con un palo.

Entonces hay un policía que no quiere que la gente se bañe ni aunque haya hecho la digestión, pero el alcalde dice que en Benidorm está el agua llena de morsas y la gente se baña, y que además en su playa sólo hay chicharrillos y jureles, que todo el mundo al agua hombre ya. Y el bicho ahí de bufé libre, atiborrado ya de veraneantes que siempre se deja un brazo o una pierna. Si es que no puede, le comen más los ojos que la boca.

Así que para pescarlo llaman a un universitario pezólogo y a un pescador con más cicatrices que el masajista de un puercoespín y que les dice que suelten la guita, que para pescar eso hay que usar de cebo lo menos un pollo asado y una de patatas gajo, y que es lo que le da la calidad a la película, el señor ese y su gracia marinera.

La banda sonora es de ver venir a tu madre con la zapatilla en la mano, y los efectos especiales son muy buenos porque apenas murieron turistas durante el rodaje de la película.

Te la recomiendo si te gusta bañarte aunque no hayas hecho la digestión o que te coman más los ojos que la boca.

GÉNERO: DE NO DORMIR EN UNA SEMANA
REPARTO: UN MUERTO Y UN LICÁNTROPO
DURACIÓN: LA TRANSFORMACIÓN SE HACE CORTA

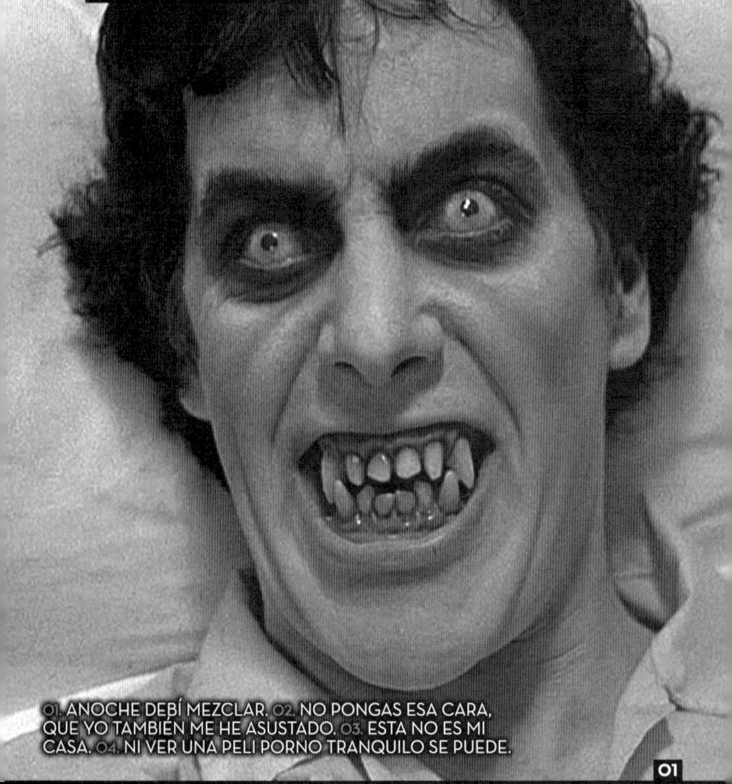

01. ANOCHE DEBÍ MEZCLAR. 02. NO PONGAS ESA CARA, QUE YO TAMBIÉN ME HE ASUSTADO. 03. ESTA NO ES MI CASA. 04. NI VER UNA PELI PORNO TRANQUILO SE PUEDE.

01

02

03

04

¡TUSO, QUITA, BAIS!

BUENO, PUES HOY HE VISTO UN HOMBRE LOBO AMERICANO EN LONDRES Y OS VOY A CONTAR UN POCO...

La película va de unos chiquines que se van de turismo rural a Inglaterra atraídos por la simpatía de sus lugareños y la tranquilidad de sus bosques, y en uno de sus paseos les ataca una campesina búlgara. A uno lo deja hecho un steak tartar y al otro sólo le araña hacia arriba, para que le escueza.

Entonces al chiquín le ingresan en un hospital que es como la 13 Rúe del percebe y le deben coger cariño porque no le dan el alta. Y ahí se le aparece el amigo muerto que trae la cara que parece que le ha estado haciendo pedorretas a un leopardo, y se va poniendo pocho y verde como el pan bimbo.

Así que el muchacho está ahí en Londres sin dar palo al agua, nada más que comiendo ingleses, y tan a gusto porque ser hombre lobo te mejora el cutis, el humor y el duendecillo del pubis. Come ingleses felices que están más ricos, mendigos, oficinistas por el fósforo... La población británica está de rechupete. Luego se despierta desnudo en el zoo, por mezclar.

Que además queda en un cine porno con la gente que ha matado para no perder el contacto, que es lo que le da la calidad a la película. Es muy amigo de sus amigos. Y cuando se transforma es terrorífico porque se tira al suelo y grita "NO" y se retuerce y pide ayuda. A mí me pasa igual los lunes por la mañana.

El maquillaje es muy bueno porque es el actor sin duchar, depilar ni cortarse las uñas, lo que viene siendo un señor casado cuando se queda solo en casa.

Te la recomiendo si te gusta comer ingleses felices o hacerle pedorretas a un leopardo.

GÉNERO: TENGO A LOS NIÑOS DE CAMPAMENTO
REPARTO: QUÉ MÁS DA, SI TODOS MUEREN
DURACIÓN: LO QUE TARDA EN COAGULAR UN CHIQUÍN

01

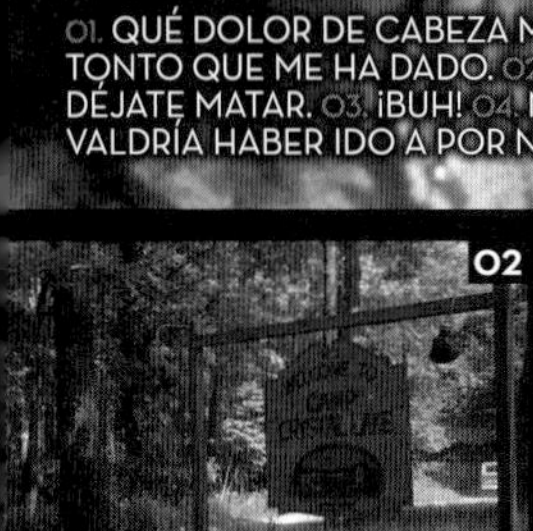

02

03

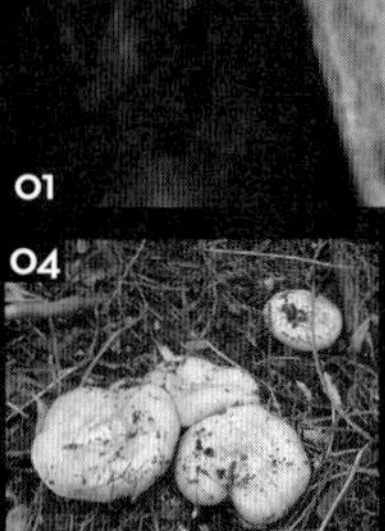

04

01. QUÉ DOLOR DE CABEZA MÁS TONTO QUE ME HA DADO. 02. VEN Y DÉJATE MATAR. 03. ¡BUH! 04. MÁS LES VALDRÍA HABER IDO A POR NÍSCALOS.

TURISMO RURAL

BUENO, PUES HOY HE VISTO **VIERNES 13** Y OS VOY A CONTAR UN POCO...

La película va de una pandilla de chiquines que se van a un campamento abandonado na más que a follisquear, porque se ve que a por níscalos no han ido. Entonces en el campamento hay uno que se los va cargando poco a poco. Pero no los mata de un disgusto o de risa, los mata de otra forma.

Los jóvenes son guays porque beben cerveza y dicen "uuuuuh", "Oye Maik, como sigas te meteré esa armónica por tu negro culo", "Skipy, mmmm, estoy cachonda, vayámonos a nadar al lago", "joder, nena, te cogería las tetas y me haría unas manoplas"... Que es lo que le da la calidad a la película.

Los chiquines son muy resultones todos y se les ve muy refollantes de vida, pero muertos pierden. El Jason se ha pensado que son rodaballos y los deja despachurrados, que la policía en vez de llevar a un forense va con el chef Ramsey.

El asesino lleva una máscara porque es feíto y de pequeño se reían de él y le elegían el último en los partidos, así que mata a los muchachines pero poco a poco porque total, prisa no tiene: ellos siempre se ponen a explorar con una linterna y a preguntar quién anda ahí y ellas siempre se caen cuando las persigue, así que tiene por lo menos 15 días hasta que a los otros se les ocurra escaparse.

La banda sonora es uno diciendo "sh, sh, ah, ah" y los efectos especiales son un bote de kétchup.

Te la recomiendo si te gusta estar refollante de vida o ir a por níscalos.

WESTERN

CABALLOS, SEÑORES CON REVÓLVER, POLVO, AUSENCIA TOTAL DE HUMEDAD AMBIENTAL Y BOLAS DE MATOJO RODANDO POR EL DESIERTO. SI ES GÉNERO WESTERN ESTÁ RODADO EN ESPAÑA PERO NO ES CINE ESPAÑOL, A NO SER QUE SALGAN TETAS.

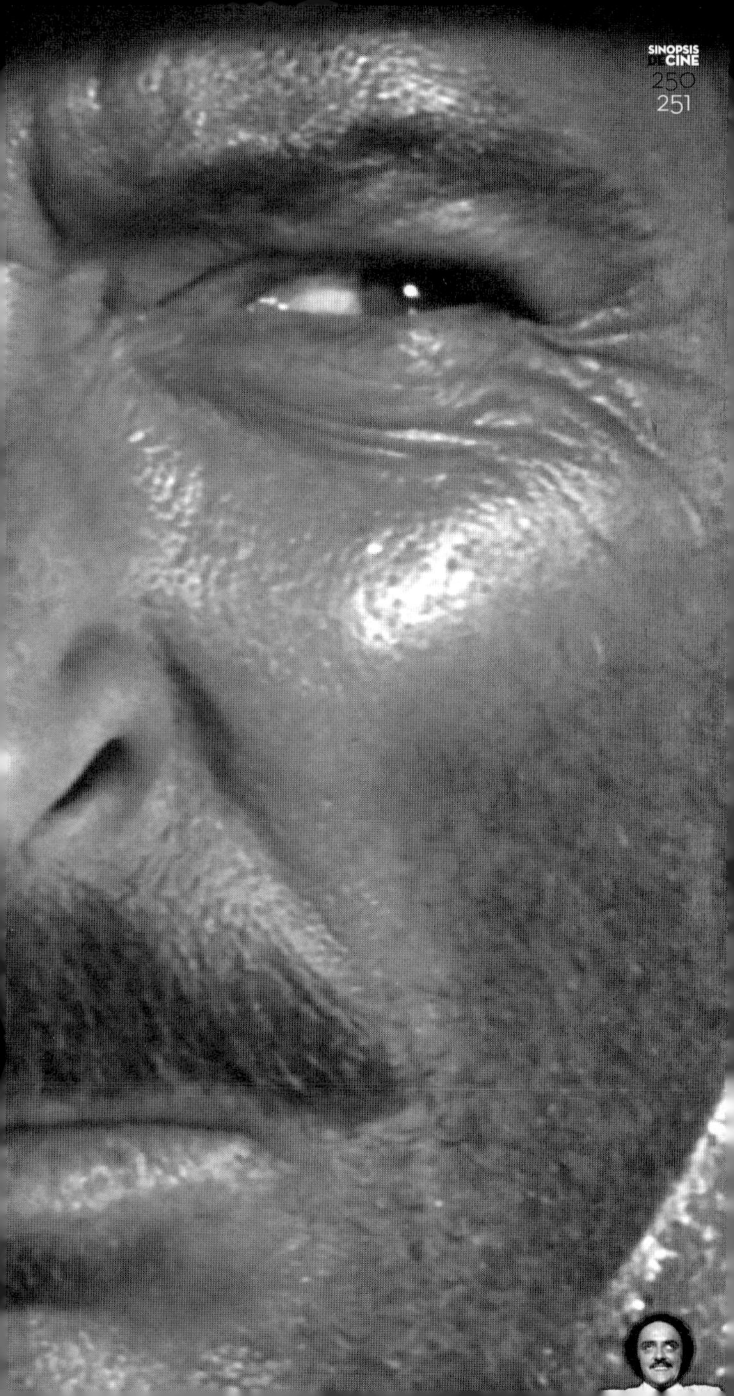

GÉNERO: INDIOS DE LOS QUE DICEN "JAU"
REPARTO: EL KEVIN, PLURIEMPLEADO
DURACIÓN: SE HACE LARGUITA, LA VERDAD

01. EL PRIMER YANQUI AL QUE LE CAEN BIEN LOS INDIOS. 02. SACANDO AL HUSKY. 03. SÍ, MUCHA INTEGRACIÓN, PERO AL FINAL SE QUEDA CON LA BLANCA. 04. LO BUENO DEL CINE ES QUE TE MUERES Y LUEGO ECHAS UNAS RISAS.

01

02

03

04

HACIENDO EL INDIO

BUENO, PUES HOY HE VISTO **BAILANDO CON LOBOS** Y OS VOY A CONTAR UN POCO...

La película va de un soldado yanqui (los que van de azul y no tienen esclavos) que no le dejan montar a caballo sin manos y dice "yo me cojo mi abrigo y mis moscas y me voy con los indios". Entonces se cruza toda Almería con un carretero que es como un anuncio de fabada y llega a un fuerte vaquero donde se monta su chabola de soltero.

Ahí está el hombre a sus anchas, todo el día en bolas y escribiendo un diario donde cuenta cómo friega, el culo que tiene el caballo, el melenón que está echando... Tiene la casa de mierda que le va a dar una triquinosis, pero es lo bueno de vivir solo; eso y no tirar de la cadena. También se hace amigo de un lobo, sólo le falta la flauta.

Aburrirse no se aburre porque a veces van unos punkis a descojonarse de él, y así aprende a decir en indio "patata", "me quedo muerta" y "algo se muere en el alma". Luego se encuentra a una india blanca que se llama "del barco de Chanquete no nos moverán" (los indios de Norteamérica tienen nombres así, los otros indios se llaman "Apu") y la lleva al poblado y se hace amigo de los sius.

Los indios estos se reúnen por la noche alrededor de una hoguera para ponerle a parir y seguir riéndose de él, porque esa gente tiene un humor muy vivo. Pero al final el jefe de la tribu, "peineta de plumas", le deja vivir con ellos y se hace amigo también de "pelazo que flota" y "un huevo de osos". A él le llaman "al final ese lobo te arranca la cabeza de un zarpazo, al tiempo", que es lo que le da la calidad a la película.

El maquillaje es muy bueno porque los indios se pintan con la escopeta de Homer, y el vestuario es ponerse un pavo en la cabeza.

Te la recomiendo si te gusta vivir solo o ponerte un pavo en la cabeza.

GÉNERO: MASTER ESPAGUETI CHEF
REPARTO: HARRY EL SUCIO EN EL OESTE
DURACIÓN: MÁS MUERTOS QUE DISPAROS

01. EL PONCHO Y EL PURITO SON TENDENCIA. 02. ¡A QUE TE LA SACO! 03. CÓMO NO TE VAS A PONER FEO EN LA HORCA 04. NI QUE ESTUVIERAN EN ALMERÍA...

01

02

03

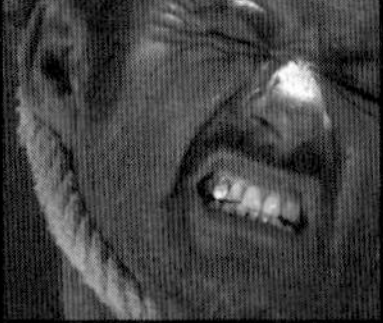

04

EL FEO, EL FEO Y EL FEO

BUENO, PUES HOY HE VISTO **EL BUENO, EL FEO Y EL MALO** Y OS VOY A CONTAR UN POCO...

La película va del bueno, el feo y el malo aunque ahí hay por lo menos dos feos y tres malos, y a veces tres feos. Lo que les gusta es hacerse la puñeta entre ellos y a la que uno ata a otro se lo lleva al desierto a que lo tueste la calor. Que además viven en un sitio que está todo seco y hace un bochorno que van las chicharras con cantimplora. Cualquiera diría que están en Almería.

Ahí manda el que no la tiene blanda. Al que no lo matan es porque ya venía muerto de casa, yo no sé cómo ese país tiene habitantes. Tú vas con cuidadito para no pisar un alacrán y te quitan el sombrero y las cosas de las manos a disparos, están asalvajaos. Y roña tienen que están las ratas vomitando por las esquinas. Eso sí: al salir cierran las puertas, que es lo que le da la calidad a la película.

Entonces los tres van a por un tesoro que lo han enterrado en calderilla pero no dan llegado porque los soldados les detienen veinte veces, y encima éstos se enrolan en el bando que sea y les falta carrerilla para unirse a cualquier estropicio. El feo va con su sombrilla rosa descacharrado de risa, el bueno fumando puritos como palulús y el malo que se disfraza más que Mortadelo.

El vestuario es muy bueno porque el poncho es tendencia, y la banda sonora está muy bien porque son unos silbando y uno haciendo aiñaiñai.

Te la recomiendo si te gusta cerrar la puerta al salir o unirte a cualquier estropicio.

SALIDOS / LERDOS / PLASTAS / TORDOS ROMEROS / CHULOS

RANKINGS

RANKING DE SALIDOS

LOS PERSONAJES MÁS LAMERUZOS. AQUELLOS QUE NO SABEN ESTAR UN FOTOGRAMA SIN ANDAR PLANEANDO SU SIGUIENTE FROTAMIENTO.

ALLIE Y NOAH

(RACHEL MCADAMS Y RYAN GOSLING)

La muñeca chochona y el Ken rajamantas. Se pasan toda la película ella con los tobillos en las orejas y él con la próstata en llamas. Si esto no es romanticismo...

LAS VAMPIRESAS

(MICHAELA BERCU, MONICA BELLUCCI Y FLORINA KENDRICK)

Son seres creados por el conde Drácula para rechupetear, mordisquear y restregarse. También enseñan los dientes y se frotan el peluche por encima del camisón. La verdad es que no hacen muchas más cosas. A veces se comen un bebé, pero sin refocilo.

La Hermana María (Julie Andrews)

Esta como es novicia va de beata, te confías y resulta que viene con más hambre que la amiga fea. Le ha echado el ojo al padre, que es viudo y prometido, y se pasa los votos por el dobladillo de la enagua.

Tony Moss (Alan Rachins)

El que le dice a la protagonista que tiene los pezones como galletas campurrianas, que se frote un hielo que los quiere ver como ositos haribó. Su trabajo es ver tetas y decir que ninguna vale ni para recoger la fresa.

Catherine y Nick (Sharon y Michael)

Estos dos le dan a todo lo que se les cruce en el campo de visión. Culo veo, culo que babeo. Él no está como para elegir, sólo hay que verle, y ella tiene un muelle en las rodillas que no le deja cerrar las piernas.

Daniel Cleaver (Hugh Grant)

Este ya ha pasado al nivel de comer bragas gigantes y pellizcar lorza. Le das una pelota de playa y salta encima. Además no se priva de ningún fetiche o parafilia, y se tira a todo lo que le toca al timbre.

Lester Burnham (Kevin Spacey)

Típico caso de hombrecillo patético y lameruzo que hace pesas para ligar con la amiga de su hija, que tampoco se chupa el dedo (no el suyo). Un padre tiene que ser gordo y ver el fúbol, y como mucho jugar al mus.

Lucila (Connie Nielsen)

La señora que le hace ojitos al Máximo y se pasa toda la película en un ay porque ve que se lo matan y no se lo puede tirar. Lo intenta hasta cuando está el otro en el calabozo hecho una peste, ella no es melindrosa.

Escarlata O'Hara (Vivien Leigh)

Se come lo fresco, se come las sobras, se come lo suyo y lo de las demás. Se casa por dinero, por despecho, porque se aburre... Es de las que al comer están más pendientes de tu plato que del suyo.

Rizzo (Stockard Channing)

A esta lo mismo le da ocho que ochenta. Se tumba en el asiento trasero del coche y a la carga. Que luego llegan los disgustos, pero en cuanto se entera de que no está embarazada se vuelve a liar la manta a la cabeza.

RANKING DE LERDOS

LOS PERSONAJES MÁS PATANES. AQUELLOS QUE FACILITAN LA LABOR A SUS ENEMIGOS NO DANDO PIE CON BOLA EN UNA SOLA ESCENA.

WILLIAM THUCKER (HUGH GRANT)

Tú ves que la chiquina te está chuleando, que vas a su hotel y está allí su novio y encima te manda tirar la basura, que te deja por lo menos dos veces, que la oyes decir que eres un mierdaseca. Pues nada, tú detrás de ella y tartamudeando. Te has cubierto de gloria.

RYAN STONE (SANDRA BULLOCK)

¿Tú astronauta? Tú te has subido a la estación espacial porque no echaban nada en la tele, te has puesto a hurgar en el hipercondensador cuántico de fotones y te has llevado por delante cincuenta años de investigación aeroespacial. Tú sola.

BELLA Y EDWARD (KRISTEN Y ROBERT)

No había más vampiros y humanos que os tenéis que liar entre vosotros. Pero ya que os habéis liado, en vez de disfrutar la vida os la pasáis contando penas y sufriendo por sufrir. Que no tenéis ni temas de conversación.

DANIEL LARUSSO (RALPH MACCHIO)

Los demás chicos del barrio te pegan, y tú vas a casa de un chino que te esclaviza todo el verano, te regala un coche roto y te enseña a dar cuatro golpes amorfos que ni son de kárate ni se le parecen. ¡Ole tú!

TODOS LOS CHIQUINES (VIERNES 13)

Siete jóvenes en forma y no son capaces de escapar ni corriendo, que aún tienen ganas de quedarse a dormir a los dos que siguen vivos para que maten a uno más. Si no os mata Jason os matará el mercado laboral.

LA REINA BAVMORDA (JEAN MARSH)

Que tus planes de dominación mundial pasen por capturar a un enano que no sabe ni correr sin ir dando tumbos, y que ni todo tu ejército pueda atraparle y para colmo ese enano te mate de un bellotazo. Hay que ser lerda.

RIANNE MURTAUGH (TRACI WOLFE)

Pero vamos a ver, muchacha. Vale que te secuestren la primera vez porque no sabes correr de pie. Pero que escapando del primer secuestro te vuelvan a raptar porque no sabes ni conducir en línea recta por un desierto...

DUQUE DE MONROTH (RICHARD ROXBURGH)

Te la están pegando y lo estás viendo, se pasan el día juntos, te ponen excusas absurdas, se comen con los ojos y cuando apareces sobreactúan como actores italianos. Te mereces los cuernos y que te saquen la pasta.

EL SEÑOR MANOSTIJERAS (VINCENT PRICE)

Creas un robot, o lo que sea eso que has creado, y no se te ocurre mejor idea que ponerle de manos unas tijeras de limpiar atunes. Luego te mueres y el bicho va por ahí con la cara que parece el cojín de un dóberman.

TODOS LOS CHINOS (OPERACIÓN DRAGÓN)

Yo veo a un chino pura fibra y que sabe cunfú que ya en la tripa de su madre daba las patadas de lado, y que anda repartiendo hostias como flyers del Pachá, y no me acerco. Le tiro algo desde lejos, pero no me acerco.

RANKING DE PLASTAS

LOS PERSONAJES MÁS AGONIOSOS. NO SE CALLAN NI DEJAN DE DAR LA MATRACA AUNQUE LES CUESTA LA VIDA (LA SUYA Y LA DE SUS AMIGOS).

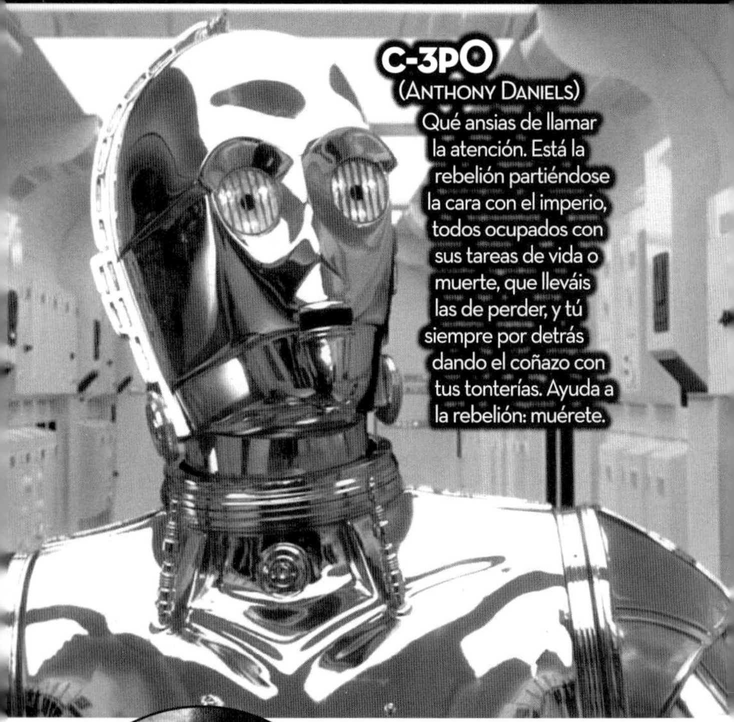

C-3PO

(Anthony Daniels)

Qué ansias de llamar la atención. Está la rebelión partiéndose la cara con el imperio, todos ocupados con sus tareas de vida o muerte, que lleváis las de perder, y tú siempre por detrás dando el coñazo con tus tonterías. Ayuda a la rebelión: muérete.

Gandalf (Ian McKellen)

Y al fin llegó la hora. La gran batalla de nuestro tiempo. El tablero está listo. Las piezas se mueven. Se me enamora el alma, se me enamora. El fuego está encendido. La leña arde. Arde. Arde. Eres muy muy pesado, Gandalf. Con un "ya vienen" o un "ya la hemos cagao" habría sobrado.

ROCKY (SYLVESTER STALLONE)

Las cotorras escapan al verte, no te digo más. El ojo se te ha quedado así de no coger aire. Y eso que te cuesta hablar y te lías con los diptongos. No os quiero imaginar a ti y a Forrest Gump en la parada de autobús.

JERJES (RODRIGO SANTORO)

Si mandas tus tropas a los poquitos te va a dejar sin ellas, por mucho que grites, abras los brazos y digas que eres rey de reyes, dios de dioses y as de bastos. Si un espartano te dice que no se rinde, no se rinde.

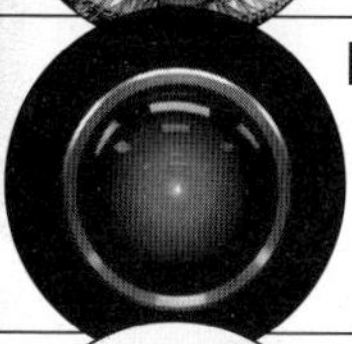

HAL 9000 (ROBOT)

A ti te han programado para dormir a la tripulación. No se puede hablar más despacio, con el tono de voz más monótono y de cosas más aburridas. Y lo peor es que no se te puede partir la cara porque eres una bombilla.

TODO EL REPARTO (PULP FICTION)

Pero todos, sois muy pesados todos. Seguro que podríais comeros una hamburguesa, robar una cafetería o escapar de dos violadores sadomasoquistas sin montar un simposio de tontás, porque todo lo que decís son tontás.

LA REINA MALVADA (BLANCANIEVES)

Que sí, que Blancanieves es más guapa que tú, no se lo preguntes más al espejo que te va a dar igual. Que ya tienes una edad para empezar a preocuparte de que te quieran por tu forma de ser y no por tu físico.

MAMMY (HATTIE MCDANIEL)

La mami lleva tres generaciones dando la brasa a los O'Hara y no se hace con ellos. Te va persiguiendo para que te hagas la cama o tires de la cadena. Y no se calla, siempre tiene algo que decir, como Paulo Coelho.

IRENE WALSH (MARY EILEEN TRAINOR)

Es pesada como todas las madres. Tú piensa en tu madre dándote angustia y es igual. Es verdad que la pobre tiene que lidiar con una buena fauna de pequeños criminales, pero es que no se le escapa una.

FORREST GUMP (TOM HANKS)

Y la charla que le has soltado a la gente que estaba tranquilamente esperando el autobús... Tú en un centro de salud de la tercera edad te pones morado. Y todas esas historias que te inventas, Antoñito el fantástico.

RANKING DE

TORDOS ROMEROS

LOS PERSONAJES MÁS FÉTIDOS Y ADEFESIOS. AQUELLOS QUE PROVOCAN TODAS LAS GUERRAS Y CALAMIDADES CON SU MERA PRESENCIA.

BABY

(JENNIFER GREY)

A esta le llaman Baby por no llamarle Escojonciana. Con esa nariz aguileña que tiene, cuando se ríe abriendo la bocaza y echando la cabeza hacia atrás es para echarle un gusano. Y encima escuálida y con el pelo como un manojo de cardillos, parece una señal de tráfico.

TANGINA BARRONS

(ZELDA RUBINSTEIN)

Si ya de por sí es fea como un chino bostezando, ya cuando está volando y se le menean esos cuatro pelos que tiene es para hacerle una portada del Vanity Fail. Eso sí: las Rayban aviator le dan un aire de perro piloto que pa qué queremos más.

CONNOR MCLEOD (CHRISTOPHER LAMBERT)

Si tienes los ojos como el monstruo de las galletas y el pelo de Repu la cerda no te pongas también falda, o quita esa sonrisa de haberte comido un bocadillo de juanolas. Que sólo pueda quedar uno y tenga que ser este...

SLOTH (JOHN MATUSZAK)

Es el hermano mellizo de Rossy de Palma: un puerro de dos metros con cuatro dientes y las orejas de Shrek, que habla como un gangoso comiendo tofes. No puede tener belleza ni en el interior.

ELIZABETH (HELENA BONHAM CARTER)

La mata un monstruo y su marido va y le cose la cara como un petipuá, la deja tuerta, medio calva y la cabeza de quita y pon. Es tan amorfa que el monstruo la ve y dice "qué cosa más guapa, qué porte más fino".

REBEUS HAGRID (ROBBIE COLTRANE)

En la película le hacen pasar por humano pero no lo es. Es una vacaburra grande y peluda con los huevos como las cabezas de Ron y Harry. Por eso anda siempre con dragones, patogrifos y bichos de esos.

JOKER (JACK NICHOLSON)

He visto travestis salir borrachas de un naufragio mejor maquilladas que este señor. Y el pelo achicharrado y el sombrero cordobés morado tampoco ayudan. Va bien si lo que quiere es matar a Gotham City del bochorno.

E. T. (MARCIANO)

No se puede tener ese cuerpo de jubilada alemana e ir por la galaxia haciendo topless. Y los pies pegados al potorro, sin piernas entre medias, que se va a caer de bruces a la que de dos pasos seguidos.

JERJES (RODRIGO SANTORO)

Calva, tetona, con más oros que un concierto de Los Chichos, la cara como un catálogo de la tienda en casa, la capa y los calzoncillos. Va guapa como una gitana en la piscina. ¡Morena! ¡Chicharrona!

JOHN RAMBO (SYLVESTER STALLONE)

Con ese ojo cayendo para un lado, el labio cayendo para el otro y ese pelo de rata con una cinta en la frente parece una tenista travesti mal operada. Stallone acaba siempre medio muerto por feo, eso es así.

RANKING DE

CHULOS

MASCAN CHICLE CON LA BOCA ABIERTA, SALUDAN GUIÑANDO UN OJO, CHASQUEAN LA LENGUA Y TE DISPARAN CON EL ÍNDICE Y EL PULGAR.

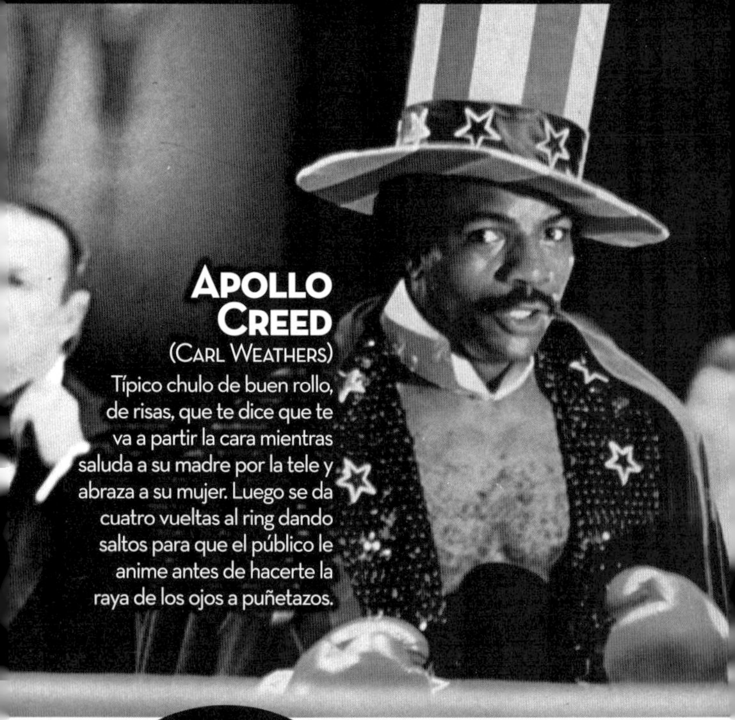

APOLLO CREED

(CARL WEATHERS)

Típico chulo de buen rollo, de risas, que te dice que te va a partir la cara mientras saluda a su madre por la tele y abraza a su mujer. Luego se da cuatro vueltas al ring dando saltos para que el público le anime antes de hacerte la raya de los ojos a puñetazos.

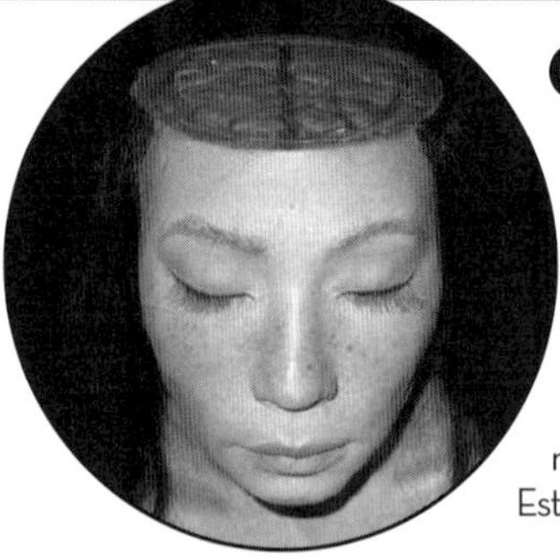

O-REN ISHII (LUCY LIU)

A la china esta no la toses porque te revienta o te manda cien chinos envenenaos que te revientan por ella. Va a los puticlubes con toda su horda de chinos encorajinados para dejar bien clarito quién es la que manda, la menda, y punto en boca. Está hasta la coronilla de tonterías.

LEÓNIDAS (GERARD BUTLER)

Aquí el colega va a la guerra en calzoncillos y sin ejército, sólo con unos cuantos amiguetes. Nos llevamos el bañador por si acaso. ¿Y dónde cenamos esta noche? En el infierno, que se cena de puta madre. ¡Aú aú aú!

HELLBOY (RON PERLMAN)

Este el chulo de los que te explican la hostia que te van a dar y por qué te la has ganado. Además fuma puros como Sara Montiel, porque no puede haber chulo de raza sin sujetar un habano entre los dientes.

DANNY ZUKO (JOHN TRAVOLTA)

Chulopiscinas con el peine en el bolsillo, el cigarrillo colgando del labio y andando como un pelícano en Doñana. Además baila con pasitos de puntillas hacia los lados y apuntando con los dedos hacia dónde va a girar.

JOHNNY CASTLE (PATRICK SWAYZE)

Chulo bailongo que a cada fiesta que llega tira la chaqueta, coge un botellín y baila haciéndote así con el dedo para que vayas, poniéndose a gatas y levantándote la pierna hasta que te chupes los dedos de los pies.

BLADE (WESLEY SNIPES)

Tú no te quites las gafas de sol ni en la discoteca que eso es de mataos, di que sí. Blade sólo sonríe si te va a matar. Blade es vampiro y matavampiros. ¿Por qué? Porque explotan, y todo lo que explota mola.

RHETT BUTLER (CLARK GABLE)

Chulo tipo simpaticote. Un yanqui que se mete en una fiesta de sureños a decirles que en la guerra les van a inflar a hostias y luego se va de putas y a jugar al póquer. Se lo pasa todo por el forro de los cojones.

NOMI MALONE (ELIZABETH BERKLEY)

Esta es de las de "quita que voy". Chula que hasta chupa la barra de los bailes, con las miasmas que tiene eso, que se lo meten todas entre los mofletes del peluche. Y si una compañera de trabajo molesta, patada en la nuca.

RACHEL MARRON (WHITNEY HOUSTON)

Le vas a decir tú en qué tugurios puede plantar su culo... Vas listo. Que tiene guardaespaldas sólo para tocarle los cojones. Y chitón que te chasca los dedos y no te mata pero te desprecia que te quieres morir tú.

A

A CASCOPORRO
En mucha cantidad, como cuando juntas el pulgar contra los demás dedos con la mano hacia arriba.

A LA GALOPA
Sin reparar en gastos o consecuencias, a todo trapo.

A PATA GALOPE
Bailar al descoyunte, con una pata por un lado, la cabeza por otro y dando muchas vueltas y tirones de los brazos.

A PATAGARFIO
Como bailar a pata galope pero subiendo la pierna hasta chuparse la espinilla.

A PECHO TURCO
Ir con una camiseta sin mangas o la camisa abierta enseñando todo el matojo de repollo.

A PEZÓN PATATÚS
Meterte en el agua sin comprobar antes la temperatura, con dos cigotos.

A SERRUCHO
Estar dale que te pego que hasta sale humo del frotamiento. Es propio de hombres en buena forma.

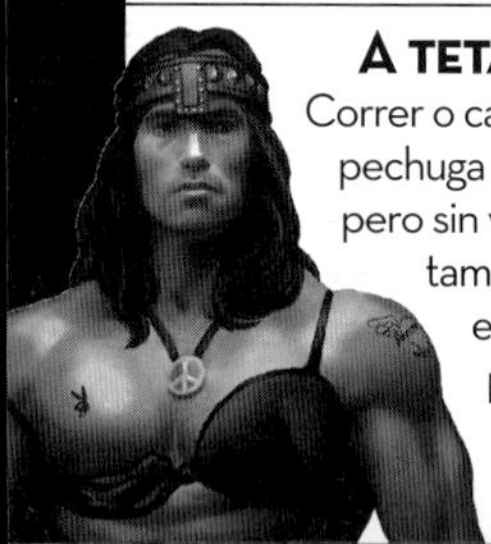

A TETA BRISA
Correr o cabalgar con la pechuga descubierta pero sin vello. Si el tetamen tiene pelo entonces es a pecho turco.

A TROCHE Y MOCHE
Continuadamente, sin descanso, una a troche, otra para moche, y así sucesivamente.

ABUTIFARRAR
Cuando una prenda de ropa te hace lorza hasta donde sólo hay hueso.

ADEFESIO
Cosa o persona fea con angustia.

ADMINISTRAR DOS PEDAGÓGICAS HOSTIAS
Educar a alguien de forma que quien educa recibe más placer que quien aprende. Especialmente indicado para niños cabrones.

AGARRARSE EL CESTO DE LAS CHUFAS
Enfadarse pero mucho, casi poniendo los brazos en jarras y arrugando el ceño.

AMORRARSE A LA BOTELLA
Pegarse lingotazos como si tuvieras más sed que vicio.

AMORRARSE A LA FRAMBUESA
Hacerle el coito bucal a una mujer.

ANDAR HECHO UN FRUITI
Ir con más mierda encima que el cromo de un bollicao.

APARCAR COMO VASCOS
Echar el vehículo como caiga y donde caiga.

AQUÍ ESTOY YO PORQUE HE LLEGAO
Actitud chulesca como la de entrar en un bar y quedarte quieto en la puerta para que todos sepan que ya no falta nadie.

AQUÍ MANDA MI POLLA
Voy a tomar yo el mando pero no tengo tiempo ni ganas de explicarte mis razones. Si tienes alguna duda, puedes agacharte, coger el micrófono y exponerla en público.

AQUÍ TE PILLO AQUÍ TE MANCILLO
Desfogarse donde le dé a uno el cosquilleo y cuando le entren a uno las ganas.

ARRASCAR EL PUERRO
Rascar las gónadas con un dedo así como quitando una pegatina.

ARRIERITOS SOMOS
Ya te pillaré.

ARRIMAR EL APIO A LA VINAGRETA
Aprovechar un descuido para hacer un frotis a traición.

ARRIMAR LA CEBOLLETA
Lo mismo que arrimar el apio pero si la tienes gruesita y con el pubis poblado.

ASCOPENA
Dar asco y pena a la vez, como si intentas ligar borracho y encima te cuelga un moco.

ASILVESTRAO
El que tiene los modales y costumbres un poco asalvajados.

ASTEROIDES DE LOS GIMNASIOS
Las pastillas y potingues que toman en el gimnasio para ponerse plátano baloo.

ATRACCIÓN DE LOS OMBLIGOS
Gustarse de querer más que un paseo y un helado.

B

BAILAR COMO MONOS PELEAOS
Bailar que la gente corre a separarlos porque parece que se están pegando.

BAILAR COMO PISANDO PETARDOS
Hacer bailes de poner la cara muy seria, menear la cabeza muy fuerte para que el pelo se agite y luego dar saltos para todos los lados.

BAILAR COMO TU MADRE EN LOS CRUCEROS
Tipo de baile como el de Míster Bean, sin moverse del sitio, a pasitos de avestruz y agitando los brazos en grandes círculos.

BAILE DE LOS ESGUINCES
El Tango y, por extension, casi cualquier baile latino.

BAJARSE A LA MERENDOLA
Cuando ya te has comido el aperitivo te vas a por el primer plato, que ya se habrá calentado.

Beber a morro lechón
Beber sin separar la boca de la botella o de lo que sea que andas sorbiendo.

Beber como un minero ucraniano
Levantarte tan borracho como te has acostado y seguir bebiendo por la mañana para equilibrar el PH.

Beberse hasta el vaho de las ventanas
Beberte todo lo que pilles, como si son los culos de las copas que se deja la gente en la discoteca, y no preguntar ni qué te han echado en el vaso.

Boca arriba como un Nenuco
Típica postura de receptor sexualmente satisfecho o bien follao.

Boca fresa
Boca de aspecto mendigoso y aliento que fumiga cosechas.

Boca rampa
Un boca-rampa es un individuo que no tiene filtro, que todo lo casca, lo mismo lo primero que le viene a la cabeza que lo que no debe decir. Suele ser muy divertido hasta que le da por contar tus anédcotas más bochornosas.

Boca verja
Es una boca con los dientes como perlas: escasos, o muy separados entre sí o torcidos como si te los hubieran tirado a la boca.

Boñiga con lazo
Persona feíta y contrahecha que se arregla y se quiere poner mona pero sigue siendo fea.

Botar las mamellas
Aprovechar cualquier ocasión para correr y dar saltos de modo que las lolas se agiten en graciosa anarquía.

Bravata corintia
Sucesión de amenazas y advertencias previa a la consumación de la paliza. Su duración puede variar entre el "te vas a cagar" y la recitación de un pasaje bíblico completo.

Bravío
Carácter fuerte, de querer coger del cuello y menear.

C

Caballo pura guasa española
Equino con carácter ibérico. Es más pequeño que el caballo inglés pero bebe el doble y duerme la mitad.

Cabrearse como una abuela gallega
Quien tenga una abuela gallega entenderá lo que es un cabreo en condiciones, con juramentos célticos indescifrables.

Cachondo como las gatas en marzo
Estar cachondo de subirte a los muros o a los coches y maullar como si te estuvieran matando, a ver si alguien te oye y te da lo tuyo y lo de tu prima.

CADA VEZ QUE ABRE LA BOCA SE ESCAPA EL FENSHUI

Que no te salga nada bonito de la boca, decir tres palabrotas de cada cuatro palabras. Y si tienes que felicitar a alguien no decirle "enhorabuena, amigo" sino "qué hijolagranputa, manda cojones".

CAGABANDURRIAS

Insulto de esos que no significan absolutamente nada y que te los puedes inventar en cualquier momento juntando dos palabras al azar, como por ejemplo mamacejas.

CAGANDO HOSTIAS

Con verdadera prisa y emergencia.

CANTAR COMO UN GATO UNA SAETA

Forma de cantar que ni a propósito puede hacerse tan mal y con un resultado menos satisfactorio.

CANTAR Y BAILAR COMO GITANOS DE BAUTIZO

Estar todo el día cantando, bailando y dando palmas por cualquier cosa. Que llueve, a cantarlo y bailarlo. Que te sale el empanado muy gordo, a cantarlo y bailarlo. Y así con todo.

CARA DE PAISAJE CON FUENTE

Quedarte apollardado con la boca abierta y que te tenga que limpiar la baba tu madre con la manga.

CARA DE NO HABERTE SONADO EL DESPERTADOR

Gesto de susto y desorientación que te dura todo el día. Normalmente el despertador sí que suena pero lo apagas de un manotazo o quieres retrasar la alarma 5 minutos y la pones para dentro de 12 horas.

CARA DE QUE TE HAN SUBIDO EL IBI

La cara que se te queda cuando te llega una factura a casa y eso no te cuadra por ninguna parte

CATERVA CARTUJANA

Grupo de personas que si te las cruzas por la calle te cambias de acera (en cualquiera de sus sentidos)

CEPORRINO

Ser humano patoso y mangurrián que no puede ir a casa de alguien sin romper algún adorno o recuerdo valioso

CHAVALADA

Cosa propia de chavales que la hacen sin maldad, por echarse unas risas, como por ejemplo mearse en los buzones o poner un petardo en una boñiga

CHIQUÍN / CHIQUINA

Persona que está entre niño y yayo, de 10 a 70 años, como los puzles.

CHIQUINA RUMIANTA

Señorita que se sienta a rumiar sus planes de hacer daño y dominar el mundo, o por lo menos dominar su clase de Zumba.

Choubisnes
Negocio del mundo del chou, por ejemplo chou de tetas.

Chulo, robabolsos
Exclamación que se grita al paso de un personaje de dudoso pelaje o de muy buen ver, o las dos cosas a la vez.

Chulo como llegar a un concesionario de Ferrari y pedir "lo de siempre"
Chulería con estilo, con pañuelo en la garganta y guantes sin dedos, sofisticado, jovial, desenfadado.

Chupar un pararrayos
Forma de peinarse y dejarse el pelo como una esfera de plasma.

Churrupaíta
Felación rápida y ligera como media ración, para acompañar.

Cinturón negro de hostia libre
Experto en dar donativos de hostias sin técnica o disciplina aparente, como le salgan según se aproxime el elemento a hostiar.

Cocó Chambrosa
Diseñadora francesa de moda.

Coger inquina
Ya no querer más.

Coger tu abrigo y tus moscas
Agarrar todo lo que tienes, que es poco y lleno de mierda, y marcharte.

Cómeme el níspero
Literalmente sería "hazme una falacia de esas" pero también se puede utilizar como sinónimo de vete a tomar por el culo.

Comezón chuminera
Ganas de que te den o darte tú, pero pronto.

Comidito de mierda
Hecho un verdadero asco.

Como bosnios de Erasmus
Pandilla de gandules alcoholizados o hiperhormonados delinquiendo alegremente.

Como el cortejo del mapache
Discusión de pareja que se desmadra un poco.

Como la bayeta de un burguer
Con mierda en los dos costados que hasta chorrea y deja rebaba.

Como Massiel de acampada en La Rioja
Borracho de agarrarte a una farola y quedarte girando a su alrededor.

Como un guiri en Santa Pola
Despistado pero tranquilo, que ya llegarás a algún chiringuito.

Como un pastor de Cabezón de Pisuerga
Hecho un dandy con boina y pantalón de pana.

Como un puticlub chino
Adornado con luces y farolillos, prescindiendo a propósito del buen gusto. Lo importante es que brille y que no se note si está roto.

Como una cabrera húngara
Ir hecha un adefesio grotesco.

Como una chota belga
Estar chalado y que se note hasta en la forma de pedir fuego.

Como una cochinilla
Agarrado a algo con todos tus miembros y extremidades disponibles.

Como una conga en Coco Bongo
Ritmo caribeño que te lleva, que te arrastra, que sin darte cuenta te ves agarrado a la cintura de una jubilada holandesa y con un camionero alemán agarrándote a ti y todos en fila diciendo "rumba, samba, bamboooo ¡Eh!"

Como una esponja para los callos
Tener la cara así rugosita y hecha un fuagrás.

Como una medallita de la Virgen niña
Ir hecho un pañuelito de alhelí de limpito y de curioso.

Con gusa golosa
Muy ansiosamente como si te fueran a pedir un poco, y tú que justo te has dejado lo que más te gusta para el final.

Con la gracia de un perrete arrastrando el culo por la moqueta
Poner mucho empeño e ilusión en hacer algo que, aunque a ti te pueda parecer simpático y agradable, resulta francamente patético.

Con la próstata en llamas
Estar que no puedes ni cerrar las piernas del escozor de llevar mucho rato con el dale que te pego.

Corajina
Furia normanda de chirriarte los dientes y todo.

Crujir de mierda
Tener porquería ya seca que la puedes apretar y cruje y se cae al suelo.

D

Darse el piscolabis
Comerse los morros a raja madre, con ganas.

Darte un derrepente
Entrarte mucho nervio así de pronto, que igual que te viene se te va, pero ojo mientras te dura.

De los mismos nervios
Cuando no hay una explicación médica o científica es porque lo que te pasa es de los mismos nervios.

De rechupete
Rico, rico, rico, con fundamento.

DEPERTERRE
Es un pronto que te da y que se apacigua después de romper una vajilla o llamar a todos los timbres a la vez y salir corriendo.

DESPACHURRAR LUGAREÑOS
Acto de menoscabarle la vida a una persona en su mismo lugar de nacimiento o crianza.

DISCUTIR COMO CAMAREROS CHINOS
Pegarse gritos de una punta a otra de la casa o emplazamiento en el que se discute, y muy acaloradamente. Si se discute en chino inventado también vale.

DONDE LE GRUÑE LA NEURONA
En el primer sitio que le tiembla el cerebelo.

DOS GATOS FOLLANDO EN SU CABEZA
Una forma de llevar el pelo asalvajado, con su rizo natural de escarola.

DROGAINÓMANO DE PORROS
Delincuente de los que fuman sustancias esputrefacientes que se traen de la Berbería.

E

EL ANSIA ROÑOSA
Quererlo todo, aunque sea mierda. Sea lo que sea, dame.

EL BIGOTE COMO EL FLEQUILLO DE UN PONY
Mostacho largo y poblado que si soplas ondea y donde se queda toda la espuma de la cerveza.

EL DUENDECILLO DEL PUBIS
El mogambo, el pito, la pirindola.

EL FESTIVAL DE LA OLIGOFRENIA
Es lo que pasa cuando llevas un payaso a una fiesta tecno, o algo parecido.

EL GESTO AUDAZ DE UN MONO COMIÉNDOSE UN MOCO
Pose facial que transmite sabiduría y paz interior.

EL GESTO DE UN PERRO HACIENDO CACA
Estar muy quieto y que se te quede cara de alelado.

EL HIPO DE GOZILLA
Una cosa que suena peor que un directo de reguetón.

ÉL LA EMPOTRA Y ELLA SE ENROSCA
Acto romántico en el que el chico agarra a la chica, la empotra contra un elemento sólido (puerta, pared o escaparate, por ejemplo) y ella enrosca sus piernas alrededor de la cintura y los brazos alrededor del cuello de él, para no perderse un solo detalle del viaje que le van a dar.

EL MÉDICO DE LOS DISGUSTOS
El doctor este que aparentemente sólo te escucha contar tus cosas o que te da unos garabatos y te pregunta qué ves en ellos, y no vale decir "pues garabatos".

El pelo como el papel de escurrir los sanjacobos
Tener el pelo que chorrea de mierda y de grasa que se te queda pegado a la frente y no luce, no enamora.

El pelo como el sobaco de un bombero
Cabello enrabietado y salvaje como el arroz basmati.

El pelo como la raíz de una cebolleta
Melena blanca y encrespada. Es el pelo que mejor arde, y tarda poco en hervir.

El que maneja el cotarro
Persona que manda y dispone. En el norte de Europa suele ser el juez y en el sur las madres.

Ella es muy beata a su manera
Persona que obedece estrictamente los imperativos morales hasta que deja de hacerlo, normalmente porque le sale del coño.

Endrogarse
Meterse pal cuerpo cosa mala de psicotrónicos que te hacen quedarte gilipollas cuando tú vales para algo más.

Energúmeno
La Real Academia dice que es una persona poseída del demonio, una persona furiosa, alborotada, y es justo eso.

Enjundia
Algo tiene enjundia cuando es cosa buena y con sustancia.

Entradito en bacon
Persona a la que se le ha ido un poquito la mano con los gofres y los cachopos y se ha puesto guacamorsa.

Escabullirse como una comadreja
Tirar la piedra y esconder la mano, como una rata inmunda.

Escalabrar
Abrirle la cabeza a alguien fuera de un quirófano y sin ser cirujano, y dejársela abierta para que se airee.

Escamochar
Fostiar con vivo entusiasmo hasta causar la muerte o un coma ecléctico.

Escogorciar
Romper algo de manera que no se pueda arreglar.

Escorromoñar
Dejar hecho un despojo a alguien.

Espapayarse el risoto
Pasársele el arroz a una chiquina, pero no el de la paella sino el otro.

Está to guapo que me quedo to loko
Es tan magnífico que me causa admiración, pero dicho en dialecto pokero.

Estar canino
No tener viruta, andar si un euro, estar pelado y que te tengan que invitar a todo y que por eso no te avisen para salir de fiesta o para hacer planes de mucho gasto como ir al cine.

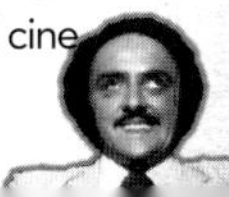

Estar gruesito de los nervios
Estar hecho un pez globo y decir que tú comes como un pajarito, que estás así de los nervios, cosa que obviamente nadie se cree.

Estar hasta la garfia
Perder la paciencia por una situación que te incomoda, también conocido como estar hasta el coño o hasta los cojones en ambientes más urbanos y desenfadados.

Estar jamona de recebo
Mujer que está buena de chuparse los dedos de las dos manos, todos a la vez.

F

Fiesta de alto copete
Celebración sin mediasnoches de chorizo, sándwiches de nocilla, cubos de ganchitos ni botellas de trinapiña colada.

Flequillo de quemar cajeros
Corte de pelo típico de jóvenes inquietos que se expresan haciendo arder el mobiliario urbano. Suele ser un corte de flequillo recto para no perder capacidad visual durante la faena.

Follamiento
Acto de meter lo que cuelga en lo que está padentro todas las veces que se aguante.

Follisquear
Practicar el follamiento a los poquitos, más para calentar que para consumir.

Fornicio
Acto del follamiento, apetezca o no.

Frotarse más que los muslos de un niño gordito
Andar todo el día dale que te pego que estás ya más frotado que un jersey que se lava a mano.

Fumar como un envenenao
Encenderse un cigarrillo con el otro, un no parar.

Fumarse hasta el mimbre de la mecedora
Apretarse pal pecho cualquier cosa que se pueda triturar y rodear con papel del finito.

Fumarse todo lo que tenga hormigas
No hacer distinciones entre el tabaco y el poleo menta. Si se prende y echa humo, me lo fumo.

Fumarte tus verduras sin molestar a nadie
Estar dale que te pego a tus cigarros de la risa pero sin meterte con nadie, si acaso saludando a los que pasan.

G

Gente de esa que no paga IRPF
Los místicos estos que siempre están muy ocupados pero que nunca les paga nadie por lo que hacen.

Gracia vikinga
El gracejo que tienen los de la Europa de los rubios para partirte la cara.

Grulla cojonera
Persona que no para de dar saltitos y grititos y todo el mundo quiere que explote, especialmente sus seres más queridos.

Guantá
Hostia bien administrada y con velocidad.

Guarrindongo
Un poco cochinete pero sin llegar a to lo cerdo.

Guasa sajona
La gracia que tiene un inglés para sus cosas, como tirar a tu novio por la ventana. Es un humor muy sofisticado que no todo el mundo entiende.

Gulusmear
Meter las narices en todas partes a ver qué se cuece, cotilleando sin molestarse en disimular siquiera.

Gulusmero
Que gulusmea de lo lindo.

H

Hablar como el bostezo de un cantaor
Tener la voz que no te sale de la garganta, así como afónico o con la cabeza metida en un cubo de mosto.

Hablar como los libros de COU
Expresarte con claridad y elocuencia sin decir palabrotas ni cagarte en nada, que por lo visto es posible.

Hablar más que un cuentacuentos argentino
No callarse ni para tragar saliva, aunque ya te arda la glotis.

Hacer el bandarra
Comportarse como un pequeño delincuente pero sin delitos graves, como mucho exhibicionismo y pequeños hurtos y faltas.

Hacer el cafre
Como hacer el bandarra pero con bromas algo más elaboradas, como secuestrar la señal de todos los canales de televisión a la hora del Sálvame.

Hacer el parabrisas
Pasarte las manos estiradas por delante de la cara al bailar, así como te veo, no te veo, cucú, trastrás.

Hacer fosfatina
No dejar ni la raspas de tu enemigo u oponente, preferentemente a hostias.

Hacer pesca de arrastre
No ponerse exquisito y ligar con todos los objetivos a la vista, que alguno caerá.

Hacer un pan con unas hostias
Apañártelas para dejar la cosas peor de lo que estaban, aunque tu intención era la contraria.

HACER VENTOSA EL JAMÓN
Cuando te sientas encima de algo y la chicha del muslo se queda pegada, despegándose lentamente mientras te levantas y quedando un cerco rojo en la zona.

HACERSE PAJAS COMO UN MANDRIL
Acabar con los dedos agarrotados de darle al manubrio como un mono poseso.

HECHO UNA COCHAMBRE
Lleno de mierda y con todo tirado por el suelo y los rincones, como la habitación de un adolescente.

HINCHARSE EL YEYUNO
Cuando tú notas que te van subiendo los sudores, que te vas calentando, que te va a salir fuego por la nariz y la vas a liar.

HOSTIAS A LA PALMA LLANA
Golpes dados con la mano muy abierta a fin de que toda su superficie haga impacto, como cuando cortas muy grande la lechuga y al metértela en la boca te da un bofetón que te alcanza casi hasta la nuca.

HOSTIAS A MANO APLAUSO
Golpes que reparte un grupo de personas que se lanza a por otro grupo y que no piensa hacer prisioneros. Es muy común que en este tipo de hostias alguno se una a la pelea con una patada voladora o cargando como un cabestro.

HOSTIAS A RODABRAZO
Es la hostia que se arrea así según te das la vuelta. Normalmente es una hostia que se la lleva lo primero que se cruce en su trayectoria, no se apunta demasiado.

HOZAR COMO UN COCHINÍN
Husmear con mucho gustito donde no se debe.

HOZAR EL MUSGO
Meter el hocico en los debajos de otra persona para picotear un poco.

INTELIGENCIA DISTRAÍDA
Capacidad mental como para no ahogarte con tus propios mocos y para sacarte el carné de la vespino.

I

IR A PILLAR AUNQUE SEA UN CATARRO
Darte lo mismo lo que te lleves a casa mientras te lleves algo. Si es muy fea o feo para eso están el vodka y las persianas.

IR COMO EL GORRINO A LA BELLOTA
Ver algo que te gusta o apetece y ale, ahí que te lanzas.

IR HECHO UN CERDITO GOLOSÍN
Tener más mierda encima que un niño en el recreo. Incluye mocos y babas colgando.

IR HECHO UN CRISMAS
Estar fino de roña, con la corbata en la cabeza, la camisa desabrochada y borracho como un lémur.

Ir hecho una corajina calabresa
Estar de un mal humor constante, con los dientes rechinando y espasmos en el párpado.

Ir hecho una croqueta de escombros
Cuando te has caído o te has estado revolcando y traes toda la mierda pegada al cuerpo: barro, caramelos chupados en el pelo, cardos, garrapatas.

L

La cara de un perro que no encuentra la pelota
Gesto de no saber qué pasa, mirando hacia los lados con la boca abierta.

La lorza en tensión
Cuando intentas sacar músculo y aquello sigue blando.

Las manos van al curasán
Cuidado dónde acercas la mano que luego vas a comer y te sabe todo raro.

Las mofetas se abanican cuando pasa
Esto pasa cuando hueles peor que un huevo cocido tapado con una manta.

Las ratas encienden velas
Cuando pasa esto es que te tienes que dar una duchita con sosa cáustica.

Le bufa el puturrú
Se ve que le da lo mismo. Como diría Yola Berrocal: ni lo sé, ni falta que me importa.

Le fofean los colgajos
Tener carnes que vibran a poco que te muevas, como darle un azote a un flan de vainilla.

Llevar la cabeza como un patio cordobés
Adornarse el pelo con flores, ya sea en una pamela, directamente sobre el pelo o cosidas al cráneo. Guapa vas, pero te persiguen todas las abejas.

Los ojos como berronchos
Tener los ojos hinchados del sueño o de lo bien que vas después de una noche de fiesta.

Los pelos como tallarines
Tipo de pelo lacio y retorcido, propio de sabios chinos.

M

Malo como una borrasca
Ser malo malísimo de la muerte, no malo de "jo, qué malo eres, quita bobo", es algo peor.

Malos como funcionarios sin desayunar
Ser malvado de no hacerte caso, obligarte a esperar, hacerte dar varios paseos y decirte que vuelvas mañana.

Malos modos de querer darse de baja de Movistar
Dirigirse a alguien con mucho grito, insulto y amenaza. Como estar hablando con tu pareja y decirle "ponme con tu madre que quiero poner una reclamación".

Manda el que no la tiene blanda
Hay un jefe y no es el que tiene más estudios.

Mandanga
Todo lo que se puede hacer con los órganos de fabricar bebés, básicamente follar.

Mano de hostias
Agrupación o conjunto de hostias, rondando la cantidad de 5, que van todas juntas o muy seguidas.

María Chocholoco
Mujer alegre y casquivana aficionada al jolgorio y el barullo.

Maricojoneta giliputariana
Insulto que no significa nada pero que desconcierta. Es un insulto estratégico.

Más boca que una yegua lanzando besos
Tener boca para tres chupachuses.

Más chulo que aparcar en la puerta
Ser chulo de dejar el coche en la puerta del sitio al que vas y encima atravesado, ocupando dos plazas.

Más chulo que un pavo con los huevos de un caballo
Ser chulo y estar orgulloso de serlo, de no quitarte las gafas de sol desde que sales de casa hasta que vuelves e ir saludando a la gente por la calle haciendo la pistola con los dedos y guiñando el ojo.

Más chungo que un semáforo en ámbar
Especie de chungo que te vacila en plan que sí, que noooooo, venga que sí, que noooooo.

Más feo que Rocky guiñando el ojo vago
Ser feo de que la gente diga que debes ser muy majo.

Más feo que un cañonazo de estiércol
Feo con avaricia, que ni te salta el flash en las autofotos.

Más huevos que la granja de Chicken Run
Tener un valor cántabro.

Más huevos que un desayuno continental
Básicamente lo mismo que la anterior.

Más marrana que Susi Legañas
Ser guarro de poder untar lo que te sale del ombligo.

Más peleas que en el cumpleaños de Hulk Hogan
Haber una cantidad importante de ojos morados y sillas volando en un ambiente criminal muy festivo.

Más perdido que un inglés en la ducha

Estar desubicado, fuera de lugar, en un sitio que no has visto nunca.

Más pesado que una vecina que te dice lo que has crecido

Nivel experto en acabar con la paciencia de uno.

Más soso que una croqueta de tofu

Ser el que no abre la boca en las reuniones sociales, que luego los demás al contar quién ha ido ven que les falta uno pero no saben decir quién: pues tú.

Más tenso que el pezón de un arquero

Tener unos poquitos de nervios.

Más tenso que el tanga de Obélix

Ver "más tenso que el pezón de un arquero".

Más tenso que el tendedero de los Brady

Ver "más tenso que el tanga de Obélix", que te remitirá a "más tenso que el pezón de un arquero".

Masticar algo como un perro un petazetas

Morder algo que sabe muy mal o que quema, con la boca abierta y los ojos llorando.

Me muerdo el culo

"Si lo consigues me muerdo el culo" es apostar a caballo ganador, porque como pierdas te vas a partir las vértebras intentándolo.

Me vas a comer el fuagrás

Variante femenina de "me vas a comer los huevos por encima del hombro o por debajo del culo".

Meando fuego

Con prisa pero sin pausa.

Mejor actor de reparto (de hostias)

Premio otorgado al actor que regala más hostias durante una película.

Meter cizaña

Procurar que otros dos se enzarcen entre sí mientras tú te escabulles como una sabandija.

Meter la ponzoña

Dejar la semillita, polinizar pero cuando la abeja tiene escroto y la flor tetas.

Meterse en todos los fregaos

Faltarte tiempo para ver un follón y correr a meter baza.

Mirada torva

Tener los ojos un poco inyectados en sangre y tembleque en los párpados. Es señal inequívoca de que te va a caer una hostia.

Mirar como un chino cuando buscas algo en su tienda

Seguir con la mirada para que la otra persona se sienta observada y sepa que no le pierdes ojo.

Mirar revirao

Es una mirada así de lado y con los ojos entrecerrados que no presagia nada bueno.

Mirarse un ojo con el otro
Ponerse bizco, o serlo, o fingirlo para hacer una mueca.

Mocho con cejas
Cosa fea hasta de espaldas.

Montar el cisco
Aprovechar que está todo tranquilo y en armonía para montar una zapatiesta.

Montar la consulta
Delimitar un espacio de expedición de hostias.

Montar la verbena de San Cipote
Destrozar una celebración que en principio pintaba bien.

Morreo a baba chorro
Beso dado con exceso de saliva y la lengua investigando por la campanilla.

Murga mudéjar
Coñazo que se le da a alguien.

Muy la monda
Gracioso de no poder aguantarse, de juntar las piernas y agacharte para no hacerte pis.

N

Ni los monos le cogen las pipas
Ser feo, pero feo, feo. Pero feo, feo.

Ni los testigos de Jehová le tocan al timbre
Ser tan insoportable que no te llamen ni los del telemarketing.

No dar puntá sin hilo
Ir a lo que vas, aunque parezca que has ido a otra cosa.

No darse el Whatsapp ni el Spotify ni nada
Perder el contacto después de todo un verano diciendo "te quiero" para poder mojar.

No darse un agua
Pensar que lavarse es de cobardes.

No perder el viaje
Aprovechar que ya estás ahí para ponerte morado de lo que sea menester.

No se le escapa un "ay" en un concierto flamenco
Ser muy avispado y estar a todo.

No se le posan encima ni las moscas verdes
Ser un auténtico individuo repugnante.

No tengo el culo pa torneos
Ahora mismo es que me pillas sin ganas.

Nunca es tarde si la picha es buena
Como nunca es tarde si la dicha es buena pero con picha, que tiene más tirón.

O

Ojos como piruletas de calimocho
Tener los ojillos un poquito colorados.

OYOYOYOY...
Forma de expresar asombro o sorpresa sin entrar en más detalles.

P

PA FINO MI CHUMINO
Para guapa, lista y salerosa, la menda.

PA TU CULO UN FUTBOLÍN
Que no insistas, que no y punto.

PARECE UN MONO ATROPELLADO
Estar tirado por los suelos y despeluchado que la gente pasa a tu lado y ni te ayuda a levantarte, aunque te dan una patada para ver si sigues vivo.

PARECER UNA LECHUZA EN LA CAZUELA LOCA
Ir con los ojos muy abiertos y el pelo hecho un cogollo de Tudela.

PASARSE ALGO POR EL ARCO DEL TRIUNFO
Demostrar que algo te importa menos que las elecciones presidenciales de tu escalera.

PEGARSE EL FILETE
Darse muchos besos sobre todo en la boca.

PEINARSE CON LA BATIDORA
Conseguir un cabello encrespado y seco que te da un aspecto de tempura de puerros muy saludable.

PELAZO YEGUA
Es un pelo liso y suelto que se agita a cámara lenta cuando corres o vas en un descapotable.

PELO FRITO
Tener cuatro pelos tiesos y achicharrados.

PELO MATOJO PUERCO
La cabellera más vomitiva y sucia que se puede tener, son años de acumular roña.

PELO PANOCHA
Color anaranjado y textura reseca del cabello.

PELUCA DE CHOCHO DE OSO PARDO
Pelo que ya no tiene arreglo y es mejor rapar o prenderle fuego.

PEZ SOBACO
Individuo muy poco agraciado, castigado por la genética.

PEZONES ON THE ROCKS
Cuando se te quedan los botones de las tetas como gominolas.

PIANO CON PATOS VOLANDO
Es un tipo de composición musical que es la pena más grande que existe en el mundo. Suele sonar cuando te han dejado.

PICAR LA PEPITILLA
Entrarle a uno ganas de un revolcón.

PITUFAR JROÑA QUE JROÑA
Disfrutar de tus carnes morenas por un espacio prolongado de tiempo, toda la vida o un fin de semana entero.

Ponerse hasta la barretina
Seguir consumiendo hasta cuando ya no hay ganas ni te da la tráquea para tragar más.

Puercochinada
Cosa muy sucia pero sexual, no de manchas de huevo o frambuesas.

Puritita mala follá
La maldad personificada, las ganas de hacer el mal en abundancia.

Q

Que cada buey se lama su cipote
Variante de "que cada palo aguante su vela" usada en las periferias.

Que dice mi amigo que si quieres rollo
Forma recurrente de resultar patético y bochornoso.

Qué hablas, borracho
Disculpa, ¿qué me estás queriendo referir?

Quien lo dice lo es con el culo al revés
Si me llamas tonto tú eres tonto más infinito y además tienes el culo dado la vuelta, básicamente. Es una expresión propia de niños que han crecido sin piscina.

R

Raboterapia
Tratamiento que consisteen curar una dolencia a base de coitos.

Rebolludo
Que se sale de sí mismo, que se come todo lo que le pone su abuela en el plato.

Refollante de vida
Muy vital y jacarandoso.

Rejostio
Buena hostia de sonido envolvente.

Remoñear
Coger del pelo y arrastrar por los suelos.

Repartir forraje
Ser como una máquina expendedora de hostias.

Restregar la patata
Apoyar sin disimulo tu miembro viril en el receptáculo amoroso de otra persona.

Rezumar la baba
Desear algo vivamente, como hacer un coito o que llegue agosto.

Romántico como arrastrar de los pelos
Ser dulce y detallista de una manera muy personal e íntima, por ejemplo llevando a rastras a tu pareja hasta el asiento trasero del coche.

Romería de hostias
Evento consistente en matarse mutuamente dos grupos nutridos de personas o escoceses.

Rumiar la breva
Poner bonito a un enemigo de patadas y cachiporrazos.

S

Salir corriendo como un ruso en una cata de aguas
Huir preso del pánico

Se junta la gusa con la guasa
Como juntarse el hambre con las ganas de comer pero más peligroso, como juntar mentos con pesicola.

Se le frunce la andorga
Cambio repentino de estado de ánimo de la mansa quietud al ardor más furibundo, también conocido como "ponerse de mala hostia".

Se me hinchan los macnuguets
Me aumentan de tamaño los testículos.

Se te va la almendra
No te centras, no estás a lo que tienes que estar.

Ser de los que piden tabaco y ellos tienen
Tipo de persona ruin y cicatera que se espera a pagar la última ronda a ver si con suerte la gente se va antes a casa y vuelve harto de cervezas y tapas sin haber puesto un duro.

Ser más puta que las gallinas de la tía Susan, que aprendieron a nadar para follar con los patos
Sobran las explicaciones.

Ser rico de no mirar los precios en el Zara
Tener pasta gansa en cash y en patrimonio.

Ser un barandillas
Ir agarrándote a todas las barandillas para no acabar de bruces en el suelo de la melopea que llevas.

Si quieres fiesta tira de esta
Chulería nivel madrileño de viaje.

Sorber la pechuga
Morder o chupar donde se abulta el tórax.

Subidón de bachillerato
Alegría enérgica que se expresa de forma vehemente, como "me cago en la hostia puta, qué temazo".

Subirse los cacahuetes a la espalda
Proceso fisiológico consistente en el desplazamiento testicular cuando llevas un pantalón muy ajustado y se te ocurre agacharte.

T

Te va a dar una triquinosis
Lo que te va a pasar como sigas viviendo en la inmundicia y no limpies esa chabola que habitas.

Te voy a comer to lo fregao
Manera poco fina de amenazar con practicar un sexo oral.

TE VOY A DEJAR LOS DIENTES COMO UN POPURRÍ DE FRUTOS SECOS
No habrá dentista ni albañil que te coloque lo que te quede todavía sujeto a las encías.

TENER A ALGUIEN ENFILAO
Cuando alguien te desagrada tanto que lo tienes añadido a tu lista mental de gente a la que deseas lo peor, como por ejemplo que se compre un ordenador y al día siguiente lo pongan de oferta.

TENER A ALGUIEN FRITO
Tomarla con una persona y darle el coñazo hasta alcanzar su límite de tolerancia al acoso.

TENER EL REVÉS A DOS MANOS
Dar las hostias con fuerza y con estilo. Normalmente el revés a una mano tiene menos potencia pero más precisión.

TENER MÁS HAMBRE QUE AMOR PROPIO
Cuando la necesidad aprieta lo mismo da chicha que limoná.

TENER UN BEBER MUY SALAO
Que la borrachera te dé alegría de la que provoca vergüenza ajena.

TENER UNA BOCA QUE ES UN MELINDRE
Poseer un vocabulario basado en el improperio. Normalmente el sustantivo "puto" se convierte en un prefijo.

TENER UNAS MANOS QUE PARECEN LOS PIES DE OTRO
Ser muy torpe y muy inútil.

TETAS COLGANDERAS
Tipo de tetas de varón que al agacharse cuelgan y campanean.

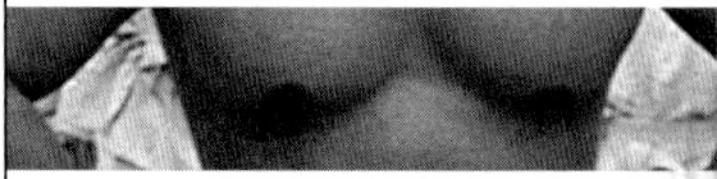

TETITAS BLANDIBLÚ
Pecho blando de hombre que vibra al menor contacto.

TOCAR LOS PATUCOS
Irritar e importunar hasta que te parten la boca y después hacerte el sorprendido.

TOCARSE LA CENTOLLA
Estar apoltronado sin intención de levantarse ni a por el mando a distancia, por lo que se hacen repetidos intentos de acercarlo con el pie.

TONTO DE INTENTAR CHUPARSE EL CODO
Ser tonto de que te den ya un premio.

TORDO ROMERO
Mujer fea que pasa delante de una obra y los albañiles se ponen a trabajar.

TOTO MORENO
Órgano de golosinear de la mujer.

TREMOLINA
Rasgo del carácter que te impulsa a montar berreas cuando ves que el ambiente es demasiado apacible.

U

Un botellón de 4º de la ESO
Fiesta o celebración no carente de alcohol, meteduras de mano, cánticos deportivos y amagos de pelea.

Un safari en el geranio
Lo que viene a ser un coito dicho con otras palabras.

Una boda berebere
Celebración que se va de madre en la que los invitados llegan disparando al aire.

Un kiwi con dientes
Persona con el pelo osco y al retortero.

Una pestaña de Bambi
Algo delicado y sin maldad ninguna.

Un negro que te va a contar un chiste
Te van a dar una paliza que no te va a reconocer ni tu pastor alemán.

Un paseo de los pelos
Forma de aleccionar a un niño díscolo. Puede terminar en castigo o en guantazo, como variante aún más pedagógica.

Un perderse el cariño y borrarse del Tuenti
Desenlace de una buena bronca o ruptura.

Un poco falto
Individuo que no sobresale por su agudeza mental.

V

Va a haber sobremesa
Está meridianamente claro que la cosa va a terminar en festival de hostias.

Vacaburra
Cosa gorda y poco fina de persona.

Van las chicharras con cantimplora
Hacer mucho calor y sol que cae de justicia.

Vaya dos putas pa un banco
Que si poco era una, ahí tienes otra que se le parece.

Veneno pa tu piel
Cosa mala para tu salud, física o mental.

Ver como un topillo campesino
Tener una agudeza visual limitada y no por efecto de la copita de vino que te bebes por las noches y que no te la quita ni el médico.

Ver el percal
Apercibirse de lo que a uno le rodea, normalmente con la intención de preparar una trastada o una dominación planetaria.

Vivir de la mamandurria
Andar a la sopa boba, viviendo de tus padres hasta poder vivir de tus hijos.

Y

Ya estoy aquí, te quedan dos deseos
Bravuconada de chulo horterilla utilizada para ligar en discotecas y aparcamientos valencianos.

Z

Zurrar la pavana
Poner morado de hostias a un enemigo, mejor que sobren a que falten.

Zurrarse la mona
Variante recíproca de "zurrar la pavana" en la que ambos implicados se fostian vivos mutuamente. Un "feedback" de hostias.

Ángel Sanchidrián

50 sombras de Luisi

Primer capítulo
de la novela de
Ángel Sachidrián...

Salgo de musicoterapia y voy a tomar algo con las amigas. Con todas menos con Reme, que le ha dado la ciática en la conga y se ha marchado a casa. Vamos a un sitio nuevo que conoce Virtudes que por dos euros te ponen una caña y un pincho así de grande, que con un par ya has cenado.

Allí la Marce nos cuenta que se está leyendo el libro ese de darse azotes. Por lo visto es de un señor rico que coge a una chica jovencita y en vez de darle besos y hacerle arrumacos la toma por una piñata y la escaralla. Es lo que se lleva ahora en el sexo. Claro que a ella le debe gustar porque vuelve a por más, como la gata flora, que si se la metes grita y si se la sacas llora.

El caso es que de camino a casa no dejo de darle vueltas al tema y me sorprendo a mí misma pensando en hacer algo parecido con Manolo, que es lo que tengo disponible. No es que a mí me guste que en la cama me traten como a una yegua, pero a lo mejor así resucitamos nuestra vida sexual, que lleva muerta desde que empezó a tener más tetas él que yo.

Llego a casa y me doy una ducha de las esmeradas, poniendo especial énfasis en frotar el peluche y aledaños, que quede apetitoso. Luego voy al salón en ropa interior, apoyo una mano en el marco de la puerta y le digo a la cosa esa que hay despatarrada en el sofá que me acompañe a la habitación.

Él no entiende nada pero obedece, por no discutir y porque el tema pinta retozón, que no acostumbra. Así que se pone en marcha y cuando pasa junto a mí le suelto un manotazo en el culo y un «que te como, pirata». Crece su extrañeza.

—Luisi, ¿has bebido?

—Calla, señor Bermúdez, y tira que te voy a dar la paga—. Le doy otro azote mientras avanzo detrás de él.

Manolo en estas cuestiones muy exquisito no se pone. Cuando cruzo el pasillo y le doy alcance, él ya está con los calzones por los tobillos diciendo «rápido, que empieza el *Pasapalabra*». Pero no le hago caso. Hoy no va a ser el "aquí te pillo, aquí te mancillo" de siempre.

Le digo que se tumbe boca abajo y pienso. Necesito un látigo, que es muy erótico, que me lo ha dicho la Marce, pero en casa no tengo de eso así que cojo un cinturón, uno con la hebilla de golfi. Así, en bragas y con un antifaz de cotillón, le arreo un latigazo en la espalda. Manolo se caga en mis bisabuelos, en mi gazpacho y en el ministro de Hacienda.

Hay que pensar otra cosa porque la dominación con latigazos no ha dado los resultados esperados. Manolo sigue retorciéndose intentando que la mano le alcance la zona donde le he atizado para aliviarse el escozor. Así que ahora me tumbo yo en la cama y le pido que me dé azotitos. A la segunda hostia que me suelta en el culo con la manaza abierta, que la tiene como una peineta de berenjenas, estoy empotrada contra el cabecero de forja toledana. Esto parece un rodeo americano. Así tampoco.

—Te voy a estimular el punto ge— le digo con sensualidad, pasándome la lengua por los labios. Quizás haya exagerado un poquito el matiz sexy y haya parecido una vaca bebiendo, pero bueno, ya está hecho.

—Eso —dice él—. Bájate a los columpios que tengo la mazorca a punto de hacer palomitas.

Para mí que este no se ha enterado muy bien de lo que le voy a hacer. Me humedezco un dedo con saliva y le pongo la banderilla. Manolo clava las uñas en las sábanas, aprieta los dientes y su voz se vuelve aguda. Su cara ahora mismo es como dos huevos fritos con labios.

—Hiiiiiija de puta...

Saco el dedo deprisa. Ya no sé ni por qué sombra voy, pero a las cincuenta me da a mí que no llegamos. Voy a pasar al erotismo verbal. Esto no puede fallar porque lo he visto en un montón de películas españolas y siempre funciona.

—Manolo, dime cosas feas.

—Guarrilla.

—Eso es.

—Putita.

—Así, sigue, dime más.

—Cotilla, histérica, eres como tu madre, todo el día tocando los cojo...

—Pero qué hablas, borracho.

—Yo a esa señora no la quiero más aquí en Nochebuena.

—Mira, Manolo, mi madre vendrá a esta casa cuando ella quiera. No empecemos otra vez con lo mismo, te lo pido por favor.

—Bueno, pero hay mandanga o no hay mandanga.

—Ya por no oírte, hijo mío.

—Venga, ponte boca arriba, a ver si me da tiempo de ver el rosco, que hay casi un millón de bote.

—¿Ya estás dentro?

—Qué hija de puta eres.

TAMBIÉN EN POEBOOKS

OBJETIVO: ELIMINAR A LOS ENEMIGOS DE ISRAEL

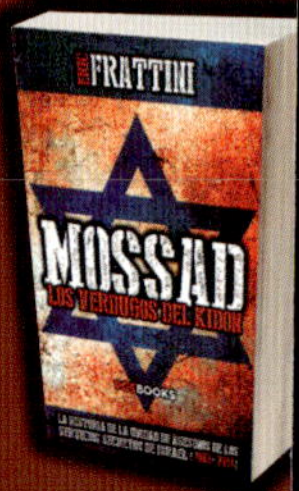

LA UNIDAD DE ASESINOS DE LOS SERVICIOS SECRETOS JUDÍOS LLEVAN MÁS DE MEDIO SIGLO "ELIMINANDO" A LOS ENEMIGOS DE ISRAEL. DIERON CAZA A ANTIGUOS NAZIS, VENGARON A LOS ATLETAS ASESINADOS EN MÚNICH-72 Y SON EL AZOTE DE LOS TERRORISTAS PALESTINOS. ACTUALIZADO A 2014. **ISBN: 978-84-941315-9-2**

LA ESPAÑA MÁS SINIESTRA CONTADA POR UN EXPERTO

JMV (JESÚS MARTÍNEZ DEL VAS, "EL JOVIT", "EL SEÑOR DE LOS PANCHITOS", ETC.) INAUGURA LA PRODUCCIÓN DE CÓMICS DE POE BOOKS CON UNA RECOPILACIÓN DE "CAOS EN LA REDACCIÓN", LA "GUERRA INFORMATIVA" CON LA QUE NOS DELEITÓ EN WWW.233GRADOS.COM. **ISBN: 978-84-944469-0-0**

LOS 100 PEORES ASESINOS DE LA HISTORIA DEL CRIMEN

CHARLES MANSON, JACK "EL DESTRIPADOR", JARABO, JOSÉ BRETÓN... SON ALGUNOS DE LOS PEORES ASESINOS. FRANCISCO PÉREZ ABELLÁN Y FRANCISCO PÉREZ CABALLERO, LOS MEJORES INVESTIGADORES DEL CRIMEN EN ESPAÑA, NOS PRESENTAN 100 MONSTRUOS. **ISBN: 978-84-944469-1-7**

LAS ÚLTIMAS CENAS DE 50 FAMOSOS... Y SUS RECETAS

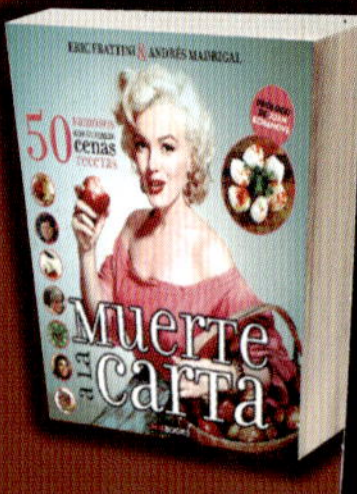

ERIC FRATTINI NOS CUENTA QUÉ ES LO ÚLTIMO QUE COMIERON 50 VIPS (JESUCRISTO, NAPOLEÓN, KENNEDY, MARILYN, HEMINGWAY, LADY DI, MICHAEL JACKSON...), Y CÓMO FUERON SUS ÚLTIMAS HORAS; Y ANDRÉS MADRIGAL (DOS ESTRELLAS MICHELÍN), NOS COCINA ESOS PLATOS. **ISBN: 978-84-943301-0-0**

LA MOMIA DEL GENERAL PRIM "HABLA" SOBRE SU ASESINATO

MARUJA BERGMAN ES PRODUCTORA DE TV A QUIEN TODO SE LE VIENE ENCIMA EN SU PRIMERA SEMANA DE VACACIONES EN 15 AÑOS. POR MUCHO QUE NOS RODEE LA TECNOLOGÍA, PARA HACER UNA TORTILLA HEMOS DE CASCAR UNOS HUEVOS. MARUJA DESCUBRIRÁ LA FORMA DE CASCARLOS. **ISBN: 978-84-943301-6-2**

Sinopsis de cine Preguntáis por las expresiones y os diré que el 95 por ciento de ellas me las invento sobre la marcha. Toda una vida de decir chorradas me ha llevado hasta aquí xd.
Me gusta · Responder · 376 · 10 abril a la(s) 12:45

Nieves Abarca Les pica la pepitilla jajajajja
Me gusta · Responder · 32 · 10 de abril a la(s) 10:30

Ena Fuentes Chiquinas, solo he conseguido llegar hasta chiquinas como una persona normal, a partir de ahí ya he perdido todos los papeles y he empezado a reír a carcajada chorro. Lo malo es que estaba en el tren :S. Otro medio de transporte que ya no puedo coger. Merdé! xDD. I LOVE YOU! Te casas conmigo?
Me gusta · Responder · 55 · 25 de abril a la(s) 22:03

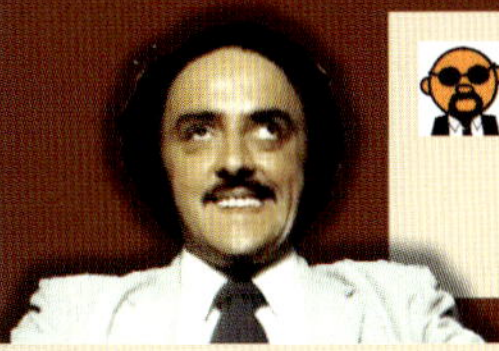

Gorinkai Antonio Rivas Y además influyes en el idioma. Lo de "es lo que le da la calidad a la película" y lo de "recomendada para quien le guste y cual" se están volviendo de uso común para mil cosas.
Me gusta · Responder · 95 · Hace 4 horas

Carlos Martínez En cuanto salga que me meto en la librería, que le tiro el dinero en el mostrador al grito de quédese con los cambios, que cojo el libro y me salgo corriendo que el librero no va a saber si voy a leerlo o me estoy cagando y lo necesito pa otra cosa. Pero es pa leerlo, proclamo.
Me gusta · Responder · 74 · 5 de mayo a la(s) 17:27

Maite Sorolla Es que ser fan tuya es lo que le da calidaz a mi muro. Un muro sin sinopsis de cine es como un episodio de Juego de Tronos sin muertos ni tetas.
Me gusta · Responder · 13 · Hace 4 horas

Yolanda Martín Los fanses son los que dan la calidad a la página. Y por cierto, ¿cuándo sale el libro?
Me gusta · Responder · 5 · 12 de mayo a la(s) 16:03

Héctor Bernabeu Grandioso. Se me acaba de salir el café por la nariz.
Me gusta · Responder · 5 · Hace 2 horas

ÁNGEL SANCHIDRIÁN (MADRID, 1976) ESTUDIÓ BIBLIOTECONOMÍA Y DOCUMENTACIÓN EN LA UNIVERSIDAD CARLOS III DE MADRID Y ESTUDIA ANTROPOLOGÍA CULTURAL EN LA UNED. NO HA COLABORADO EN NINGUNA PUBLICACIÓN, ESCRITO NINGÚN LIBRO NI GANADO NINGÚN PREMIO LITERARIO, PERO SABE ESCRIBIR SIN FALTAS DE ORTOGRAFÍA.